友だちは永遠じゃない

社会学でつながりを考える

森真一
Mori Shinichi

★──ちくまプリマー新書
222

目次 ＊ Contents

はじめに……9

第一章 「無縁社会」って本当ですか?……17

1 無縁社会という捉え方
テレビ番組「無縁社会」の反響/「無縁」とされる人たち/縁とは何か

2 つながりのきっかけが変わってきた
重要だった血縁と地縁/縁の拡散/ネットワーク上のノットワーキング

3 無縁社会説が見逃していること
インターネット中継/ネット中継は縁ではないか/振り込め詐欺が示唆すること

第二章 「一時的協力」で考えてみよう……44

1　一時的協力理論とは何か

2　人と人との協力のあり方

他者に嫌われたと感じるとき／他者のことが嫌いになるとき／不安や怒りを意識しないでいられるのは／相互行為儀礼ルール／等価交換ルール／均衡ルール／対等ルール／顔のない男／ルールも日々更新されている

3　協力に協力してくれる存在

いま・ここにはいない死者たち／動物が縁になる／マンガ本に励ましをもらう／協力のあり方は変化する

第三章　集団・組織での一時的協力とは……89

1　一時的協力はいつも不確か

常に変化する状況／不確かさを減らす
2　協力を持続可能にする工夫
一時的協力では困る集団／お金と脅しを動機に／集団の境界の効果／［実験］青い眼・茶色の眼／競争原理を使ってグループをまとめる／「Dデパートの社員」というアイデンティティ
3　集団における一時的協力の見直し
変質する集団の意識／あらためて、ノットワーキングとは／境界を横断する子どもたち／境界を越えた一時的協力／ボランティアでみられる一時的協力／協力の仕組みの工夫
第四章　一時的協力理論がひらく可能性……125

1　ほころびだらけでも大丈夫な社会
完全でなくてもいいんだ／適切な協力は難しい／ほとんどうまくいかない協力
2　協力しないことの意義
「いじめ」に協力してしまったとき／友人関係をほどくこと／親子関係を離れる意義／子を支える対等ルール
3　集団の存在意義を獲得する
集団内の協力が続かない理由／協力する意味の必要性／協力の相手から意味をもらう／聞き書きによる一時的協力／一時的協力による共創
おわりに……163

はじめに

「社会は、人々が協力することでなりたっている。」

そう聞いて、みなさんはどう思うでしょう。

「そんなこと、あたりまえじゃん」といわれそうですね。

では「社会は、人々が一時的に協力することでなりたっている。」

これは、どうでしょうか。新しく「一時的」ということばが加わりました。

今度は、ちょっとひっかかりを覚える人がいるのではないでしょうか。

「一時的？　いやいや、毎日毎日、朝、電車は満員で、あの人たちはみんな、朝から晩まで会社で仕事してて、だから会社もなりたってるんでしょ？　会社みたいな組織も社会のひとつだとしたら、〝一時的〟じゃなくて、〝ずっと〟協力してるから、社会ってなりたってるんじゃねえの？」そう反論したい人もいるでしょう。

その反論に反論します。〝ずっと〟協力しているようにみえるのは、一時的協力が毎日くり返されているからである、と。

「そんなの、屁《へ》理屈じゃね？」というつぶやきが聞こえてきそうです。

でも、これまでの社会学の成果をひとことでまとめれば、「社会は一時的協力でなりたっている」となるのです。私はそう思っています。

「一時的協力」ということばをベースにして、社会を統一的に把握しようとする立場を、「一時的協力理論」と呼ぶことにします。

英語で表記すると、provisional cooperation theory となります。一時的（provisional）協力（cooperation）理論（theory）です。今後、略してPCTと呼ぶことにします。

provisionalという形容詞は、英和辞典だと、「一時的」のほかに「暫定的」とか「つかの間の」といった日本語訳も出てきます。英英辞典を調べてみると、「arranged or existing for the present, possibly to be changed later」というふうに説明されています。「今のところあるんだけれど、このあと、たぶん変わっていく可能性が高い」という感じの意味です。

これらを総合して、「一時的」の意味を「あるときある場では存在したけれど、つぎも存在するかどうかは不確かであるという性質」と考えてください。

ＰＣＴにもとづくと、社会がどのようにしてなりたっているのか、その一端が垣間《かいま》みえるのではないか。そのような目論見で本書を執筆しました。社会のなりたちを考えるのが社会学の第一の課題だとすれば、ＰＣＴは社会学の本道かもしれないと、すこしおおげさに考えています。

ここまで読んできて、さきほど私に再反論された相手が、ふと「そういえば……」と、あることを思いついて、さらに反論してくるかもしれません。

「〝社会は、人々が協力することでなりたっている〟って聞いて、最初は〝あたりまえじゃん〟って思ったけど、現代って、なんか〝無縁社会〟とかいわれたりするし、〝人間関係が希薄になった〟って話もよく聞くし、それって〝協力〟どころか〝縁〟がない、ってことでしょ？　みんな、協力なんかしてないんじゃないの？　協力も縁もなしで、社会は勝手に動いているんじゃないの？」と。

なるほど。ふだんから、現代社会のことを、いろいろ考えているようですね。人々が「無縁」になってきているけれども、「社会」はある。だから現代社会は「縁がなくてもなりたつ社会」、すなわち「無縁社会」である、と。

でも、またしても反論したいと思います。そもそも私は現代社会を「無縁社会」だと思っていません。「縁」をどのように定義するかにもよりますが、むしろ現代社会は「多縁社会」だと、私は考えています。

そこで本書はまず、現代社会が「多縁社会」であることを説明します。「多縁社会」であるにもかかわらず「無縁社会」だと考える人は、〝社会はこうあるべき、人間どうしのつながりはこうあるべき〟という思いこみが強いようです。そのためか、ある事実を見過ごしがちです。社会が一時的協力でなりたっているという事実を、です。というわけで、社会が一時的協力でなりたっている様子を描くのが、本書のつぎの課題です。

一時的協力と聞くと、当然のように、「人と人との協力」を思い浮かべることでしょう。でも、協力の相手は人間とはかぎりません。人間以外の生き物やモノにも協力してもらっています。また、協力の相手が人間だとしても、今・ここにいる人ともかぎりません。遠い昔に生きていた外国人が、協力の相手であることもあります。そういうふうにして社会はなりたっているのです。

くり返しになりますが、ＰＣＴによれば、社会は一時的協力でなりたっています。この主張には、つぎのような含みがあります。それは、今日協力してくれた相手が、明日も協力してくれるとはかぎらない、という事実です。ＰＣＴは、この事実を重視します。人間の行為や態度は本来「不確か」である、という事実を重視するのです。

学校や企業といった集団・組織をみていると、社会が一時的協力でなりたっているとか、協力が得られるかどうかは不確かであると考えることは、間違いのように思えてきます。不確かどころか、確実に協力しあっているようにみえますから。

しかし、ＰＣＴからすれば、集団や組織であっても、メンバーの一時的協力でなりたっているのです。ただし、メンバーの協力が一時的なもので終わらず、毎日毎日反復するものになるよう工夫がなされています。一時的協力を持続可能な協力へと変換することで、集団・組織としてなりたっているわけです。では集団・組織は、どのようにして、一時的協力を持続可能なものへと変換する工夫をしているのか。それを検討するのが、本書の三番目の課題です。

集団・組織が一時的協力を持続可能な協力へ変換する方法はいろいろあります。もっともよく活用されるのが、「境界」をつくるという方法です。よく「組織の垣根」などといわれますが、その「垣根」が境界です。

問題が単純な時代は、この方法でも十分でした。しかし、だんだんと集団・組織の境界を維持すること自体が、まるで集団・組織の目的であるかのようになってきています。それがかえって、集団・組織の存在意義を危うくしつつあります。

この問題を解決するには、組織の境界にこだわっていてはいけないのではないか。そう考える人々が現れています。「垣根」を越えて、境界の外部とも一時的に協力して問題解決にあたることが増えつつあるのです。そのような試みを実行している例を紹介するのも、本書の目的です。

本書の最後の目的は、ＰＣＴの意義を読者に伝えることです。たとえばＰＣＴは、一時的につくった協力関係を「解消する」側面も重要であると考えています。不本意な結果になりそうなことがらに協力してしまったとき、協力関係の解消の意義を知っていれば、深みにはまることはせめて避けられるのではないか。そのほか、いくつかＰＣＴの意義について考えたいと思います。

社会という目にみえないなにかは、人々の一時的協力がくり返されることによって、毎日更新されています。社会が完成したことなど、過去に一度もありません。今後も完成することはないでしょう。永遠に完成しないなにか、永遠に工事中で建築中（under construction）の建物、それが社会です。

だから、ある時期の「建て方」を「正常」とみなし、それとは異なる建て方をしている時期を「異常」とみなしても、あまり意味はありません。でも、そう考えてしまいがちです。現在を無縁社会と捉える人々は、そのわなにはまっていると私は考えています。

人々が一時的に協力するのは、なにも、「社会全体」のことを考慮して、そうしているわけではありません。とりあえず目のまえにある課題を解決しようとして、協力しているのです。ですから、一時的協力とは、みんな、そのときその場で、即興で協力している、ということでもあります。

子どものときに社会から植えつけられた価値をみんなが共有し、「こころをひとつにして」社会ができているわけではありません。価値の共有が多少はないと、協力はありえないかもしれません。しかし、シチュエーションは千差万別です。一度として同じシチュエーションはないのです。それでも、いろんなものを参考にしながら、即興で適切なやり方を考案し、そのときその場をしのいでいるというのが実態だと思います。その瞬間、「社会全体」のことなど、考えてはいません。「こころをひとつに」などしなくても、社会はなりたっているわけです。

また、社会に「中心」はありません。「全体」というものもありません。無数の場でなされている一時的協力が、無数の場でローカルに社会をなりたたせているのです。

こういったことが、現在までの社会学の成果が語っていることなのです。それを私なりにまとめたものがＰＣＴです。本書をとおして、社会学の成果がすこしでも読者に伝えられればと思っています。

第一章　「無縁社会」って本当ですか？

1　無縁社会という捉え方

あらためて本書のねらいを確認しておきます。社会は一時的協力によってなりたっている、というのが、本書の基本的主張でした。また「一時的協力」ということば（＝概念）にもとづいて、社会のなりたちを統一的に理解しようとする立場を、一時的協力理論（provisional cooperation theory、以下ＰＣＴと略）と呼ぶことにしたのでした。

一方で、現代社会は「無縁社会」ともいわれます。もし無縁社会だとすれば、一時的協力などなくてもなりたつのが現代社会と考えられます。「人々のあいだに縁がなく、個々人は孤立している。にもかかわらず成立しているのが現代社会ではないか。そうであるなら、現代社会に対してＰＣＴは無意味なのではないか」。そんな意見がありえます。

他方私は、現代は無縁社会どころか多縁社会だと考えています。多縁社会であるにもかかわらず、それを無縁社会だと捉え主張する視点は、一時的協力の意義を考慮に入れようとしません。一時的協力の関係を「希薄な人間関係」だとして、切って捨てている感じがします。だからこそ、そのような捉え方に疑問を投げかけたいと思います。

そこで、まず、無縁社会を唱える人々の考え方について検討します。そのあとに、私が現代社会を多縁社会と考える根拠を説明したいと思います。そのうえで、多縁社会を無縁社会と捉える人々は、一時的協力が社会をなりたたせている事実を見過ごしていることを指摘し、次章への橋渡しとします。

▽テレビ番組「無縁社会」の反響

無縁社会ということばの普及に大きく貢献したのは、二〇一〇年一月三一日放映のNHKスペシャル「無縁社会」でした。この番組は、孤独死・孤立死する人が年間約三万二〇〇〇人いること、そのうちの一〇〇〇人ほどは、警察の捜査によっても身元が確認できない人たちで、「行旅死亡人《こうりょ》」と呼ばれること、などの事実を伝えていました。

この一回目の「無縁社会」を放送している最中からNHKには続々と反響が寄せられたようです。しかも、その多くが二〇～五〇代の、働き盛りの世代からだったといいます。ツイッターやネット掲示板などでも、「孤独で寂しい」とか「自分も無縁死するのではないか」といった書き込みを、働き盛りの世代がたくさんしていたそうです。

こうした反響自体をNHKは取材し、二回目、三回目の「無縁社会」関連のドキュメンタリー番組を放送していました。無縁社会をテーマに討論する番組もありました。さまざまな世代に無縁社会が浸透しつつある。これらの番組を観た人たちの多くは、そう感じたにちがいないでしょう。

無縁社会をテーマにした小説も現れました。西村京太郎『無縁社会からの脱出　北へ帰る列車』（角川文庫、二〇一三年）や、香納諒一《かのうりょういち》『無縁旅人』（文藝春秋、二〇一四年）がそれです。とくに西村京太郎の小説は、初版（新書版）が二〇一〇年一一月であることからも推測できますが、前出のNHKスペシャル「無縁社会」に大いに触発されたもののようです。小説の主人公である刑事が、事件を捜査するなかで、孤独死・孤立死および行旅死亡人の数をもちだしたり、NHKの番組が紹介していた「無縁ビジネス」が、そのまま小説に登場したりします。

ほんの一例しかあげていませんが、このようにNHKスペシャル「無縁社会」は、かなりの反響を呼んだことが理解してもらえるでしょう。

▽「無縁」とされる人たち

さて、無縁社会について、もうすこし具体的に検討していきます。そのために、「現代日本は『無縁社会』である」という主張を、ここでは無縁社会説と呼ぶことにします。

まず注目したいのは、無縁社会説はそもそも「無縁」を、人々のどのような状態だと考えているのか、という点です。

NHKスペシャル「無縁社会」の一回目で取りあげられるのは、すでに紹介したように、孤独死・孤立死した人たちと、行旅死亡人です。これらの人々は「無縁」状態にあったと無縁社会説が捉えていることは、明らかでしょう。

番組では、ほかに、こういう場面もありました。孤独死した人が暮らしていた部屋には、たくさんの遺品が残されることになります。遺品は、亡くなった方の親族が片づけたり、ひきとったりするのが一般的だと考えられています。しかし、遺族がいない場合や、片づけ・ひきとりをしに来ないケースもあります。そういう場合、親族や部屋の貸し主（大家さん）が、業者に依頼し、遺品を回収してもらいます。番組では、まさに業者が遺品を整理・回収している場面が映しだされていました。親族が遺品の片づけ・ひきとりを断ったため、大家さんが業者に依頼したとのことでした。

業者の作業員がタンスのうえに無造作に置かれていたなにかを下ろして、箱詰めしようとしたとき、ＮＨＫの取材者は「それはなんですか？」と作業員に訊きます。すると「骨壺ですね」との答えが返ってきます。遺骨すら親族はひきとらなかったわけです。

また別のケースでは、遺品整理・回収作業中に、ＮＨＫの取材班が固定電話のランプがピカピカ光っていることに気づきます。留守番電話が入っているのです。再生してみると、録音されていたのは、亡くなった方のお姉さんと思われる人からのメッセージでした。弟さんが孤独死したのも知らずに、何度も留守番電話にメッセージを残しています。とても切ない場面でした。取材班がこのお姉さんと連絡をとり、じっさいに会いに行ってインタビューしたときの映像を、番組では流していました。姉弟が遠方に離れて暮らさざるをえなかったこと、弟に会いに行くことが高齢になるとともに困難になっていったことなどを、彼女は取材者に話していました。

ここまでみてきたように、無縁社会説において、「無縁」とされる人々は、まず、家族や親族などの血縁関係から切り離されていると思われる人々です。遺品をひきとらない家族・親族の事例が、その象徴といえるでしょう。第二に、行旅死亡人のように、血縁だけでなく、地縁からも切り離されていると思われる人々です。たとえば、死後何日も経ってから発見されるのは、つきあいのある人が近所にいないことの象徴とみなされています。

無縁社会説を支える、もうひとつの存在が、「無縁予備軍」などと呼ばれる人々です。すでに触れましたが、NHKスペシャル「無縁社会」放送中や放送後に、「自分も無縁死するのではないかと不安だ」といったコメントを、直接NHKに寄せたり、あちこちのWeb上で書き込んだりした人たちのことです。無縁社会説を主張する人々は、「無縁予備軍」と呼ばれる人たちをも、「無縁」とされる人々に含んで考えているようです。

すくなくとも、NHKスペシャル「無縁社会」を観た人には、そのような印象が残るでしょう。

▽縁とは何か

さて、ここでいったん「縁」に関する社会学の話に移したいと思います。そのあと再び無縁社会説の検討に戻ります。

縁ということばは、仏教の輸入とともに日本語に入ってきました。ここでは仏教語としての縁は脇におくとして、日常語化した日本語の縁について、だいたいどの辞書も、「①関係を作るきっかけ。②血縁的、家族的なつながり。親子・夫婦などの関係。③人と人とのかかわりあい。また、物事とのかかわりあい。関係。」（ここでは『デジタル大辞泉』を参照）といった意味を紹介しています。

参考までに、それぞれの使い方を紹介しておきましょう。①の例文として、辞書は「同宿したのが縁で友人になる」、②は「兄弟の縁を切る」、③では「金の切れ目が縁の切れ目」「遊びとは縁のない生活」という文章をあげています。

ここで注目したいのは、①と②③とは、やや意味が異なることです。①はつながりをつくる「きっかけ」が「縁」だといっています。それに対して、②と③は「つながり、関係、かかわりあい」が「縁」だと紹介しているのです。

つながりができるきっかけと、つながりそのものとは、別ものです。きっかけがあってつながりができるのですから、つながりとそれができるきっかけは、やはりわけて考えるべきでしょう。

すべてのとまではいえませんが、社会学はかつて縁とつながりを区別し、つながりができるきっかけ（＝縁）を「紐帯《ちゅうたい》」、つながり自体を「結合」と呼んでいたのです。たとえば、日本の社会学の古典のひとつ、高田保馬《やすま》『社会学概論』（一九二二年初版、一九五〇年改訂版）がそうでした。現在の社会学は、この区別に無頓着《むとんじゃく》で、縁ということばを、あるときは紐帯の意味で、またあるときは結合の意味で使うことが多いようです。

本書は縁を「つながりができるきっかけ・事情」という紐帯の意味で使い、つながりそのものとは区別することにします。

2　つながりのきっかけが変わってきた

▽重要だった血縁と地縁

縁が「つながりができるきっかけ・事情」だとすると、血縁関係とは、共通の親から生まれるということをきっかけにしてつくられる関係となります。ですから、親子、兄弟姉妹のつながりが基本です。夫婦関係は血縁関係ではありません。しかし、家族ではあります。子どもを中心にし、子どもとの血のつながりが男親にも女親にもあると見立てて、それをきっかけにしてできあがっている集団が家族なのです。また、養子の場合のように、だれとも血がつながっていると考えられなくても、親子・兄弟関係が認められることがあります。このように考えると、かなり複雑になりますので、ここでは、親の共通性を「血」の共通性とみなし、それを縁として人々は家族を形成している、ということにしておきます。

地縁は、同じ地域に住むということがつながりのきっかけになっている場合を指します。社縁ということばもありますが、これは、同じ会社に勤めることが、つながりのきっかけになっているという意味です。

血縁と地縁は、人類が生き延びていくために必要な協力関係をつくるきっかけとして、重要な役割を果たしてきました。今ほど食糧の生産力も、科学技術も、医療も、交通機関も発達していない時代、とりわけ食糧を確保しないことには、人類は全滅です。農耕にしろ、狩猟採集にしろ、仲間と協力して田畑を耕したり、チームワークによって動物を狩ったりすることによって食糧を確保し、生き延びてきました。貧しい時代をサバイバルするために、仲間集団をつくらなければならなかったわけです。

このつながりの基礎となったのが、血縁と地縁でした。ただし、それはほかにもさまざまな選択肢があって、これらふたつの紐帯を選んだというわけではありません。血縁と地縁以外に、仲間集団を形成するきっかけはなかったのです。

血縁・地縁にもとづく集団は、食糧をはじめ、さまざまなものを生産し、手に入れたものを分配・消費する経済的集団でもあります。また、同じ神を信じる宗教的集団でもあり、集団をどのようにまとめていくかを意思決定する政治的集団でもありました。子どもが一人前になるまで育てたり、文化を次世代に伝えたりすることを広い意味での教育と考えれば、教育的集団でもあります。経済・宗教・政治・教育もまた縁の役割を果たします。つまり、貧しい時代には、同じメンバー同士のつながりが、血縁・地縁・経済縁・宗教縁・政治縁・教育縁をきっかけに形成されていた、ということになります。同じ仲間集団に属する一人ひとりの人間のあいだのつながりは、お互いに、六種類の縁というひも（紐帯の紐は、ひもを意味します）でぐるぐる巻きにされていた、わけです。たとえば親子というつながりは、これら六つの縁によって結びつけられていたため、かなり強固な関係だったと考えられます。

それぐらい強く結束することで、きびしい環境のなか、貧しくとも、なんとか人類は生き延びてきたのでした。

▽縁の拡散

しかし、時代が豊かになってくると、つながりのきっかけにも変化が起きてきます。交通機関が発達し、人はひんぱんに移動しはじめ、その移動の距離も大きくなります。

そして、さまざまなところから人が都市へと集まってきます。それまで出会うことのなかったタイプの人とも出会う機会が増えました。

人間自身が移動しなくても、通信網やメディアの発達によって、会ったこともない人同士を遠くに離れたままつなぎあわせてくれるようになりました。それを象徴するのがインターネットと携帯電話です。このツールの登場で、親は子がどんな人とどんなつながりをつくっているのか、ほとんどわからなくなりました。親が想像もしなかった相手と子がつながって起こす事件も珍しくありません。

ネットというツールが日本で定着した一九九〇年代半ば以前までは、せいぜい日本の領土内につながりの範囲が限定されていたように思います。そんな限定は、現在、軽々と乗り越えられています。お金を稼ぎたい、暇をつぶしたい、調べものをしたい、趣味を満たしたい、などなど、多様な欲求が縁となって、ネット上では無数のつながりがつくられています。

「日本社会」ということばを聞くと、日本国の領土のうえになりたっている社会のようにイメージしますが、そのような「日本社会」が存在しているかどうかも、よくわから

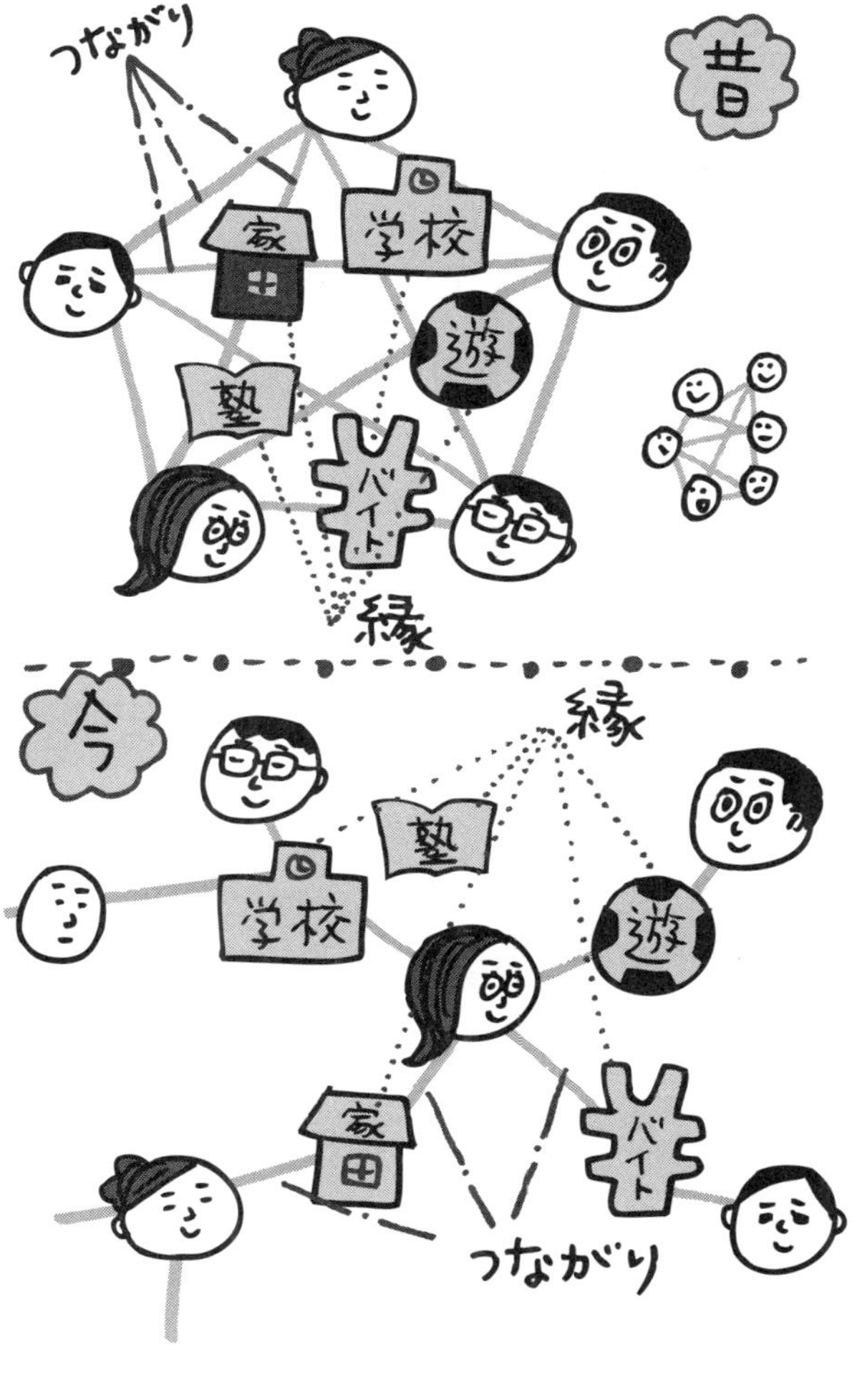
つながり
昔
家
学校
遊
塾
バイト
縁
今
縁
塾
学校
遊
家
バイト
つながり

なくなってきました。日本国の領土内にいたとしても、つながっている相手は外国にいたり、海外からの情報をもとにして日本国内で行動したりするのが、通常の状態です。どこからどこまでが「日本社会」なのか、だれも答えることはできないでしょう。いわゆるグローバル化です。

縁を拡散させる要因として忘れてはならないのが、専門家集団の登場です。たとえば、自営業などをのぞき、ほとんどの人は、家から仕事場へ出かけます。生産活動を専門におこなう場が家庭から分離し、家庭は消費の場となりました。いや、外食産業の隆盛をみると、消費も家庭外の場でおこなわれています。また、教育の担い手も、家庭から、教育の専門家がいる学校へ移行しています。「政治への無関心」という決まり文句が象徴するように、政治も、ふだんは政治家と呼ばれる専門家集団に任せ、選挙のときにかかわる程度です。家族・親族メンバーのあいだで、支持する政党が異なり、信仰する宗教もバラバラということさえあります。貧しい時代には、血縁・地縁とともに、家族・親族メンバー同士のつながりをつくっていた経済縁・宗教縁・政治縁・教育縁は、家族・親族集団外の専門家たちとのつながりをつくる縁となっています。

このように現在は、縁が大規模に拡散しているのです。

▽ネットワーク上のノットワーキング

縁が拡散するということは、一つひとつのつながりの強度は弱くなることを意味します。貧しい時代、ひとつのつながりが六つの縁によってつくられていたことと比べてみてください。縁が拡散した時代、つまり多縁化した時代においては、ひとつのつながりはひとつの縁によって形成されているだけです。つまり縁とつながりが、ほぼ同じになってきているわけです。現在の社会学で、縁とつながりが同一視されても仕方ない状況が登場しているのです。しかも、縁は簡単に切れます。目的を達成すれば、縁は解消します。私はそのようなつながりを「淡いつながり」(拙著『かまわれたい人々』中経出版、二〇〇九年)と呼んでいます。

たとえば、私のあるゼミ生は、趣味のスケートボードがうまくなりたくて、ＹｏｕｔｕｂｅでスケートボードのＵ手なある外国人の動画を再生し、それを観ながら練習するそうです。これもひとつのつながりではあります。しかし、練習が終われば、そのつながりも解消します。その外国人の動画をふたたび観るかどうかはわかりません。そもそもスケートボードに飽きれば、このつながりがふたたびつくられる可能性はほぼゼロでしょう。

人と人とのつながりをひもの結び目（ｋｎｏｔ）に見立てると、ネットワーク上で人は、ひもを結んでは、ほどき、また結びなおすようなつながり方をしています。それは固定していません。一度できたら、完成というものでも、ずっとつづくというものでもありません。「結ぶ→ほどく→また結ぶ」という運動によってなりたっているのです。第三章で紹介する活動理論にしたがい、この運動をノットワーキング（knotworking）と呼ぶことにします。

インターネットのようなネットワーク自体は、つながりのチャンスをつくるツールにすぎません。ネットワークはあっても、つながりはない、という状態はありえます。つながり自体は、ノットワーキングという人々の働きかけによってしかつくられないのです。

ノットワーキングという運動があちこちにあるにもかかわらず、「無縁社会」だと主張する無縁社会説。

再び無縁社会説を取りあげて、その問題点を検討したいと思います。

3　無縁社会説が見逃していること

▽インターネット中継
最初に問題にしたいのが、インターネット中継（以下、ネット中継）です。

NHKスペシャル「無縁社会」の第二回放送（二〇一一年二月一一日）は、副題が「新たなつながりを求めて」でした。

不思議なのは、いろんなことをきっかけにして「新たなつながり」を模索している人々を取材しているのに、タイトルはあいかわらず「無縁」社会なのです。

この、二回目の放送の冒頭は、先述のように、一回目の放送を観た二〇〜五〇代の働き盛りの人々が、NHK放送センターに設置されている留守番電話に残した音声を、再生しているシーンから始まります。「孤独で耐えきれなくて、もうこころが折れそうで、限界です」といった孤独の寂しさや、「自分が死んだとき、だれがみつけてくれるんだろうか」など孤立死・孤独死への不安を訴える音声が流れます。

そして、「本来、家族や仕事というつながりをもっている人たちが、無縁社会の不安をもつのは、なぜなのか」「本来、社会の中核を担うはずの世代に、なにが起きているのか」と問いかけます。

第二回のNHKスペシャル「無縁社会」は、人とのつながりがもっとも多く、もっとも強いはずの世代が、じつは孤独の寂しさや孤立死の不安に苦しんでいる、だから、ある意味「無縁社会」なんだ、ということで、「無縁社会」第二弾として放送したのでしょう。

それはわからなくはないのですが、しかし「新たなつながりを求めて」人々がどんなことを試みているのか、その様子を取材して製作した番組なのですから、それを「無縁」社会と呼ぶのには、やはり違和感があります。

ひとまず違和感の問題はおくとして、「新たなつながり」を求める方法の一例として、番組では、ネット中継が紹介されます。画面上には、「見知らぬ相手との〝つながり〟

という字幕が現れ、「無縁社会のなかでの若い世代。ネット中継で、見知らぬ相手と会話する人が増えています」というナレーションが流れます。

ネット中継とは、テレビの生放送のように、ネットを通じてなにかの映像を生中継することです。一四〇万人の利用者がいるそうで、番組では、三人の利用者を紹介していました。

一人目は、二四時間、三六五日、ネットで自分の部屋を生中継している三一歳の男性。大手電機メーカーでシステムエンジニアをしていましたが、過労で体調を崩し、会社を休んで、取材当時はほとんどの時間を家で過ごしているとのことでした。「もしも自分が倒れたとしても、観てくれているだれかが救急車を呼んでくれるだろうと思う」とインタビューでは答えていました。

二人目は三八歳の女性。だれもいない居酒屋の座敷部屋（一〇人以上は入れそう）にパソコンを持参して、ネット中継を観てくれている人たちと会話しながら食事しています。イベントなどの司会の仕事をしていましたが、病気で倒れた父親の看護のために、好きな仕事をやめたそうです。入院している父親の病室を訪ねる毎日を送っています。

自分の時間もなければ、家庭をもった友人と会う機会も、結婚を考える余裕もない、と紹介されていました。将来一人きりになるのではないかという不安から、ネット中継をはじめたそうです。「ちょっとしたつながりを感じる。ネットで一時的なお友達みたいな。そこで寂しさが紛れる。そういうのがネットでの縁でもあるかもしれないし、無縁社会っていうのとも関係あるのかもしれない」とインタビューに答えていました。

三人目は、寝るまえのひとときがネットでつながる時間、と紹介される、二六歳の男性です。親元から離れて暮らしているこの男性は、アメリカ・シアトル大学卒業後、ITベンチャーに就職しました。しかし、過労や人間関係のストレスで退社。その後、転職をくり返しているそうです。中学時代の友人とルームシェアしているのですが、つながりを求めるのはネットだといいます。「実社会の〝つながり〟は当てにならない」という字幕。「仕事をうまくいかせるためでも、ぼくからなにか利益を得るためでもなく……そこ（注：ネット上のつながり）には愛情があるんじゃないかと思ってて……愛情をもとめてるんですかね。ぼくが凹《へこ》んでいるのを、なんとかしてやりたいっていってくれたりするっていうのは、親の愛と変わらないと思う」とインタビューに答えていました。

三人の紹介が終わると、「実社会よりもインターネットのなかでつながりをもとめる若者の姿がありました」というナレーションが流れ、次のエピソードに移っていきました。

▽ネット中継は縁ではないか

無縁社会説は、ネット中継のように、ネットというツールが媒介するつながりを、問題視しているようです。はっきりそう述べている無縁社会説に出会ったわけではありませんが、そんな印象を受けます。若い世代の人たちは、なにか「変な」仕方でつながっている、そう主張している印象です。

言い換えると、「本来のつながり」を無縁社会説は想定しているのです。想定されている「本来のつながり」とは、①顔と顔がみえる、直接対面するつながり、②血縁・地縁によるつながり、③深くて濃密なつながり、④持続的なつながり、であるようです。

だから、反対に、ⓐネットなどのツールによって媒介された、間接的なつながり、ⓑ

血縁・地縁以外のつながり（ただし、社縁は例外）、ⓒ浅くて淡いつながり、ⓓ一時的なつながりを、無縁社会説は「本来のつながりではないもの」、強い言い方をしますと「にせのつながり」とみなしているように思えます。

興味深いのは、第二回「無縁社会」に登場した、ネット中継をしている三八歳女性の事例です。彼女は、父親の看護のため、父親が入院している病院に毎日通っています。血縁という「本来のつながり」を重視して生きているのです。でも、そのために、友人と直接会うことや、結婚してあらたな家族をつくることは、できなくなりました。そして、彼女のことばをそのまま受けとれば、ネット中継で、ネット上のつながりで、さびしさを紛らせながら、毎日を生きています。

彼女は、「本来のつながり」を優先して生きてきました。そうしているうちに、「にせのつながり」によって支えられる生き方になってしまったわけです。お父さんは、きっと娘さんに看取ってもらえるでしょう。「無縁死」しなくてすみます。でも、娘さんの方はどうでしょう。もちろん、それはだれにもわかりません。でも、ネット中継している自分を、なんとなく「にせのつながり」で生きている自分、と感じながら生きていくことになりそうな気がします。

無縁社会説のように、つながりを「本来」とか「にせ」とかにわける必要があるのでしょうか。

第二章で説明することになりますが、そもそも社会は、無縁社会説が暗黙のうちに「にせのつながり」と捉えているような、血縁・地縁によらない、淡くて一時的な協力によってなりたっています。現代を無縁社会と捉えたり、現代人の人間関係は希薄だと批判したりする人は、この一時的な協力関係の意義を見逃していると、私は考えています。

孤立死した人は不幸だという決めつけも、無縁社会説にはあるような気がします。でも、ほんとうにそう決めつけていいのでしょうか。亡くなるときはひとりだったとしても、その直前までは、名もなきだれかの一時的協力のおかげで、ちょっとしたしあわせを感じることもあったかもしれません。コンビニで買い物したとき、お金を払って「ありがとう」といったら、店員も笑顔で「ありがとうございました」と答えてくれた。おかげで、気持ちよく買い物ができた。そんな些細なことも、次章で説明するように、りっぱな一時的協力であり、こころが和むことがあります。

そんなことも、孤立死してしまえば、すべて無意味であり、「不幸」ということになってしまうのでしょうか。無縁社会説は、「そうだ」と主張しているように、私には思えます。

そして、知らぬ間に無縁社会説的な価値意識に囚われて、一時的協力の意義を軽視し見過ごすことは、むやみに孤独感に陥ったり、社会を恨んだりすることにつながりやすいのではないか、とも思っています。

▽振り込め詐欺が示唆すること

ちなみに、私は、現代では血縁・地縁はまったく意義を失い、機能していないと主張しているわけではありません。いろんな縁があるなかで、現代社会においても、血縁はとりわけ大きな意義を与えられていると思います。

たとえば、犯罪や事件が起こると、あいかわらず、容疑者や犯人の親が問題にされます。ニュースやワイドショーのレポーターが、親の自宅に乗り込んでいってインタビューする。あるいは、罪を犯した子どもの行為について、親の謝罪や反省の手記を代理人が記者会見で読みあげる。これらは、血縁関係にある者の責任が、社会的に問いただされている場面だと思います。

事件や事故を起こした人への怒りが、親に向けられているだけとも考えられます。そうだとしても、血縁関係がある者を責めるのは正当なことだと社会的にはみなされていることにかわりはありません。それほどにも社会は血縁を特別視するわけです。

不謹慎かもしれませんが、興味深いのは、「オレオレ詐欺」です。複数の人間が、子や孫、警察官、子や孫が損害を与えた相手などを演じて、お年寄りをだます、その巧妙な手口がニュースでは注目されます。でも、私が注目したいのは、血縁関係が現在でも機能していることを、この犯罪が浮き彫りにしている点です。

血縁関係が希薄になったと紋切り型の主張がひんぱんになされますが、子や孫が困っていれば、親や祖父母は大金を払って助けようとするのです。警察やニュース番組が、振り込め詐欺にだまされないようにと、くり返し呼びかけているのに、子や孫がピンチであれば、老後の資金として貯めていたお金を振り込んでしまうのです。

でも、つぎのような意見もあるでしょう。「ふだんから連絡を取りあい、オレオレ詐欺に遭わないための対策について話しあっておけば、被害者にならなくてすんだんだ。オレオレ詐欺も、家族という血縁関係が希薄になっているから起きるんだ」という意見です。

なるほど、一理あると思います。しかし、こうも考えられます。この意見にあるように、家族でオレオレ詐欺対策を話しあっているから、被害の数は現在の数字（平成二五年の認知件数は五三九六件）におさまっている、というふうにです。血縁関係が希薄なら、もっと件数が増えていたかもしれません。もちろん、たしかめようはないので、オレオレ詐欺だけで、血縁関係が希薄になったかどうかを判断することはできませんが。

そうであっても、オレオレ詐欺は、子や孫が救いの手をもとめれば、親や祖父母は手助けしてくれること、血縁はある程度生きていることを示唆していると思います。

さて、第一章では、多くの人々になんとなく信じられている無縁社会説の問題点を検討してきました。その目的は、無縁社会説が浸透している状況では、軽視されたり見過ごされたりしている大切なことがらを浮き彫りにするためです。そのことがらとは、社会が一時的協力によってなりたっているという事実です。次章で、この事実について説明します。

第二章　「一時的協力」で考えてみよう

1　一時的協力理論とは何か

無縁社会説が見過ごしている事実、すなわち、社会が一時的協力によってなりたっているという事実を浮き彫りにするのが、この章のねらいです。そのために、一時的協力に着目して、社会のなりたちを統一的に把握するのが、「一時的協力理論（provisional cooperation theory、以下PCTと略）」と私が勝手に呼んでいる見方です。

「はじめに」ですでに説明しましたが、もう一度確認しておきます。provisionalということばは、「一時的」「暫定的」「つかの間の」などと訳されますが、ここでは「一時的」という訳語を採用し、「あるときある場では存在したけれど、つぎも存在するかどうかは不確かであるという性質」を指すものとしておきます。

またPCTは、「人々が、そのときその場で協力することによって、社会はなりたっているのだが、同じような協力がいつもなされるとはかぎらない」という認識を前提にして、社会が時々刻々と更新されるという仕方でなりたっている事実を捉える立場、としておきます。しかし、それだけではあまりにも抽象的なので、本章で、もうすこし具体的にその事実について説明します。

便宜上、しばらくは「一時的」という点については気にしてもらわなくてもかまいませんので、いちいち「一時的協力」といわず、たんに「協力」として説明を進めたいと思います。まずは、目のまえにいる人との相互行為としての協力です。

2 人と人との協力のあり方

▽他者に嫌われたと感じるとき

いきなり変な話題からはじめます。

あなたは、どんなときに、周りにいる人や友人、知人から「嫌われたかも」と心配しますか。また、どんなときに、周囲の人や友人・知人に対して「あんなヤツ、嫌いだ」

と腹を立てるでしょうか。

面と向かって罵倒《ばとう》されたとか、暴力をふるわれたといった、あからさまなケースではなく、もうすこし微妙なケースを思い出してみてください。

まず、「相手に嫌われたんじゃないか」と心配するのはどんなときか、からはじめましょう。

たとえば、年賀状をもらったのにこちらからは出していなかったことに気づいたとき。同じようなことですが、メールの返事をするのを忘れていることに気づいたとき。どちらも、「あいさつ」をし損なった場合ですね。

あなたが送ったメールに対する相手からの返信メールが、いつもと違う感じのとき。もしかして、相手を怒らせるような、不快なメールを送ってしまったんだろうか。そう心配になって、送信済みのメールをチェックしてみたりしてしまいます。

冗談のつもりでいったことが、どうも相手を傷つけたみたいに感じるとき。いわゆる「地雷を踏んだ」ときですね。

相手の期待に応えられなかったと感じたとき。期末テストの結果を親にみせると、ちょっとがっかりしているような様子なので、「悪いことしたかな……」と思うことが、何度も私にはありました。親子なのですから、嫌われたかどうかなど気にしなくてもいいという意見もあるでしょう。どちらかというと、申し訳ない気持ちの方が大きいのですが、それでも、「嫌われたかな」と感じる瞬間ではありました。

気がついたら、無視してしまっていたとき。大学のキャンパス内を歩いて教室に向かっているときに、スマホのゲームに熱中しているあなたは、だれかとすれ違いました。ふと気になって振り向くと、サークルの先輩です。「ヤベ、シクったわー」と、こころのなかであせるあなた。「もしかしたら、先輩に嫌われたかも」という不安で、こころがざわざわします。

友人と話していて、それが議論に発展し、どんどん白熱していくうちに、つい強い口調で相手の意見に反論したり否定したりしてしまったとき。

ほかにもいろいろあるでしょうが、いずれの場合も相手に対して「なんか、悪いこと、しちゃったなぁ」という思いにつづいて、「嫌われちゃうかも」と心配になることが多いようです。

▽他者のことが嫌いになるとき

つぎに、「あんなヤツ、嫌いだ」と腹を立てるのは、どのようなときか、に移ります。

やはり年賀状からはじめましょうか。友だちだと思っていたので、あなたは年賀状を出したのに、相手からは来ない場合。同じく、メールの返事が、いつまでたっても来ないとき。道で会ったときに、あなたからあいさつしたのに、相手はしてくれなかったケース。最初は「嫌われてるのかな」と心配していたのが、時間が経つにつれ、相手のことを嫌う感情の方が大きくなっていったりしませんか。親友だと思っている程度が高いほど、怒りも大きくなるように思います。

友人だと思っていた人が、あなたのかげぐちをたたいていたことを知ったとき。一瞬「ガーン」となって、そのあと怒りがふつふつと湧いてくるのではないでしょうか。「じゃあ、いつも楽しそうにしてたのは、あれは全部、ウソだったのか」と相手にいってやりたくなりますね。裏切られたという感じです。

あるいは、バカにされた感じで笑われたとき。意味不明な理由で文句をいわれたとき。

会話中、どうも相手が「上から目線」で話している感じがするとき。夜、ふとんに入ってから、相手の「上から目線」の態度が思い出され、だんだん腹が立って、眠れなくなった経験はないでしょうか。

こうしてみてくると、他者のことが嫌いになるのは、まず、他者によって傷つけられたと感じたときが指摘できます。かげぐちをたたかれていたのを知ったり、バカにした笑いをみせられたり、「上から目線」で話しかけられたりしたときが、これにあたります。

もうひとつ、「なんか、損したな」と感じるときも、相手のことが嫌いになります。こっちはあいさつしたのに相手はしてくれない、こちらは年賀状やメールを送ったのに相手はくれない、といった場合が、これに含まれます。

▽不安や怒りを意識しないでいられるのは

相手から嫌われているのではと心配したり、相手に怒りを覚えたりする場合をいくつか紹介してきました。でも、ふだんは、だいたい、そういった心配や怒りを感じずに過ごせているのではないでしょうか。事情があって、毎日のように「嫌われるかも」と心配しながら生活している人もいるかもしれません。でも、多くの人は、そのような感情を意識せずに、電車に乗ったり、道を歩いたり、学校に行ったり、授業を受けたり、友だちと話したり、買い物したりしているように思います。

どうして多くの人には、そのようなことが可能になっているのでしょう。それは、お互いに協力しあっているからです。

もう一度、嫌われる心配や、怒りが発生する場合について、確認しておきます。

嫌われるかもと心配になるのは、相手に何か悪いことをしてしまった、と感じるときでした。一方、相手に腹を立てたり、嫌いに思うのは、相手がこちらを傷つけたと感じるときと、こちらだけ損をしたと感じるときでした。よく考えると、相手に悪いことをしたと思うのも、相手を傷つけてしまったと感じるときと、相手に損をさせてしまったと感じるときではないでしょうか。

結局、「傷つける／傷つけられる」というできごとと、「損させる／損する」というできごとの、二つのできごとが発生すると、嫌われる不安や相手への怒りが、頭のなかを占領してしまうことがわかります。

われわれはふだん、これらのできごとが発生しないように、互いに協力しています。だからこそ、不安や怒りを意識せずに、いろんなところに出かけたり、乗り物に乗ったり、仕事や勉強に集中できるのです。

では、具体的には、どのように協力しているのでしょうか。ここでは、社会的なルールとの関連で、この問いに答えていきたいと思います。

▽相互行為儀礼ルール――相手の価値を認める

協力の具体的なかたちを明らかにするため、傷つけたり傷つけられたりする場合から、検討をはじめましょう。前出の例では、バカにしたような感じであなたのことを笑ったり、「上から目線」であなたに話してきたりする相手の態度に、あなたは傷つき、むかつくのでした。

相手のそういった態度から、あなたは「相手は私を一段下にみている」とか「私を尊重していない、軽視している」といった意味を読みとります。それがあなたを傷つけます。

裏返して考えると、ふだん私たちは、相手を尊重していることを互いに表現することによって、平穏に生活できている、ということになります。そういう協力をしあっているのです。

それを典型的に表しているのは、礼と呼ばれる行為です。「礼」と聞くと、学校での朝礼や授業開始時に、「れい！」という合図とともに、先生に頭を下げることを思い浮かべるでしょう。その際、みなさんに頭を下げられる先生の方も、同じく頭を下げますね。礼は、一方だけが頭を下げることではなく、お互いに相手に頭を下げる行為であることは、すぐに理解できるでしょう。

私たちはなんのために礼を示すのでしょう。それは、相手を認めているということを伝えるためです。「あなたには、敬意を払うべき価値があると、私は思っていますよ」と伝えているのです。そのようなことを互いに伝えあう行為を、社会学では「相互行為儀礼」と呼びます。

礼のような相互行為儀礼を、私たちはあちこちで、微妙なかたちで実行しています。

やっている本人も、実行していることをあまり意識しませんし、実行後はすぐ忘れてしまいます。

たとえば、友だちと遊んでいて、とても盛りあがっているとき。そこにいる全員が楽しいと思っているとはかぎりません。じつは、気持ちが冷めている人がいたりします。冷めていることを隠し、いかにもこころから楽しんでいるように、満面の笑みを絶やさず、大声を張りあげているのです。自分だけが冷めてしまうと、せっかくがんばって場を盛りあげたみんなの努力を無にしてしまう、と考えているわけです。そこで、自分の冷めた気持ちに働きかけて、自分も楽しんでいるんだと自分にいいきかせ、自主的・積極的に大声を張りあげる。これも、その場にいる人たちへの配慮であり、礼です。

「そういうのが〝礼〟?」と疑問に思う年長者もいるでしょう。そんなことをいう年長者も、きっと自分たちの仲間うちでは、似たようなことをやっているにちがいありません。

相互行為儀礼のルールは、見知らぬ人たち同士の関係にも、適用されます。たとえば、あなたは電車に乗り、席に座って本を読んでいるとしましょう。たまたま隣に座っていた乗客が、あなたの読んでいる本をジロジロのぞきはじめました。さあ、あなたはどう思うでしょう。「失礼な人だなぁ」と思うのではないでしょうか。「失礼」とは、まさしく「礼を失している」という意味です。ジロジロみられるあなたは、隣の人のことが気になって仕方なくなり、本を読むどころではなくなるでしょう。でも、ふだんは、あまりそういうことは起きません。これまであなたの隣りにたまたま座った乗客は、あなたが読んでいる本やあなた自身を「ジロジロみない」というふうにして、あなたの存在に敬意を表していたのかもしれないのです。

ある日、大学へむかうスクールバスのなかで、こんな話を耳にしました。私のすぐ後ろに座っている二人の女子学生の会話です。共通の知人についてのかげぐちのようです。一方の学生がその知人に対して感じているいろんな不満を、もう一方の学生にぶちまけています。不満のひとつに「イヤホンしているときに、話しかけてくるな」というのがありました。もう一方が相手のその不満に同意しながら、こういいました。「イヤホンしてるってことは、〝話しかけてくるな〟のサインやのにな」と。

なるほど、と教えられた気がしました。そっとしておいてほしい、話しかけられたくない、と思うときは、音楽が聴きたいかどうかにかかわりなく、イヤホンをするのか、と。そういう暗黙のルールがあったのか、と。

すると、こういうことが考えられます。あなたは今日、そっとしておいてほしいので、イヤホンをして、電車に乗りました。駅でも、スクールバス乗り場でも、学校に着いてからも、だれにも話しかけられずに教室に無事到着。この、なんの変哲もないできごとの背後には、もしかすると、駅やスクールバス乗り場、学校内であなたのことをみかけたけれど、イヤホンをしているので、話しかけないでおこうと考え、話しかけることをやめた友人・知人が何人もいた可能性があります。彼／彼女らは、あなたがイヤホンを装着している様子をみて、あなたの意思を尊重し、話しかけたかったけれども、しなかったのです。これもひとつの協力であり、礼であると考えられます。

もちろん、あなたを知っている人があなたに偶然気づかなかっただけ、という可能性もあります。しかし、一方で、私たちの気づかないところで、いろんな協力がなされている可能性もあるのです。とくに、話しかけずにそっとしておくタイプの協力は、「〜しない」協力ですから、目にはみえず、気づかれません。こういう、気づかれないタイプの協力については、どれぐらい実行されているのか想像もつかないほど、実行されているのです。

▽等価交換ルール――礼には礼

嫌われる心配や他者への怒りを発生させる、もうひとつの要因について検討するため、あなたから年賀状やメールを送ったり、あいさつしたりしたのに、相手は返事もあいさつもしてくれないケースを例にしましょう。

これも、さきほど同様、あなたは相手に敬意を表したのに、相手は敬意を表し返してくれない、つまり、こちらの価値を認めてくれない、だから、嫌われたのかと心配したり、腹が立ったりするのだ、とも説明できます。相互行為儀礼ルールに反しているから、そういう感情が発生する、というふうにです。

しかし、ここでは、すこし違ったところに着目します。既述のように、このようなケースでは「損したな」という感じがすることを指摘しておきました。

損する、得する、ということばは、経済の領域でよく使われます。しかし、一見経済

もしもし
あのねぇ
うふ
只今協力中
あー…
やっちゃったよ

とは無関係に思える日常の人間関係も、経済的なルールによって、暗黙のうちに規定されているのです。

あなたはお店で、自分のほしい商品を購入しようとしているとします。そのとき、店は商品をあなたに提供し、それに対してあなたは、商品の代金を支払います。商品とお金を交換するわけです。この交換がなりたつのは、商品と代金の価値が等しいという前提があるからです。価値の等しいものを交換する、これを等価交換といいます。経済は等価交換のルールによってなりたっているのです。

人間関係にも、同じ現象がみられます。年賀状やあいさつも、等価交換の原則にもとづいています。「おはよう」と私があいさつしたら、相手も「おはよう」とあいさつする。年賀状を送ってくれたら、送り返す。これらは、等価交換ルールにもとづいているといえるでしょう。

このルールは礼にもあてはまります。礼を「贈り物」と考えてみます。一般に、贈り物をした場合、相手から返礼がくるものです。そして、返礼として贈られるものは、最初に贈られた礼に見合う価値があるもの、とされています。礼は、人間関係上の「通貨」であり、それと交換可能な商品ともみなすことができるでしょう。

等価交換が成立しないと、どういうことが起きるでしょう。たとえば、あなたは一万円を支払ってある商品を買いました。しかし、家に帰ってから商品を使ってみると、動かないとか傷がついているとか、買い物したときには気づかなかった欠陥を発見しました。あなたはそのとき、きっと怒るでしょう。そして店に戻って、新しい商品と交換してもらうことでしょう。等価交換が成立していないとあなたは思うからです。

年賀状が来なかったりあいさつし返してくれなかったりしたときの怒りも同じです。等価交換の原則に相手が反していると思うことに、怒りの理由があるのです。

相互行為儀礼の場合同様、等価交換のルールは、見知らぬ人同士のあいだにも存在します。ふたたび電車のなかで起きそうなことを例にします。隣にいた乗客がなにかを落としました。あなたはそれを拾って、その乗客に渡します。きっと「ありがとう」とその乗客はあなたにお礼を述べるでしょう。これもなんの変哲もないことです。

もし乗客が礼をいわなかったとしたらどうでしょう。あなたはムッとするでしょうね。ちょっと考えにくいことですが、その乗客が、落とし物を拾ってあげたあなたに対してではなく、別の人に対して礼を述べたら、どうなるでしょう。「あのー、拾ってあげたのは、私なんですけど」とすこし怒り気味に主張したくなるのではないでしょうか。

このとき、「拾ってあげて、損した」という思いと「バカにされた」という思いの両方がこころを占領しているでしょう。その意味で、等価交換ルールに反することは、相互行為儀礼ルールの侵犯でもあります。けれども、一応、両者のルールは別ものとしておきます。

落とし物を拾ってあげることが協力なのは、わかりやすいことです。一方、拾ってくれた相手にひとこと「ありがとう」ということによって、等価交換ルールにそのときその場でしたがうという協力もなされています。このなかなか気づかれない協力によって、落とし物を拾ってあげた人と、拾ってもらった人の両者が、気持ちよくその場で過ごすことが可能になっているのです。

▽均衡ルール――借りができたら、後日ちゃんと返してバランスをとる

相互行為儀礼と等価交換ルールは、社会の基底ともいえる層で作用しています。どん

なにカッコイイことを口にする人でも、たとえば、「私は見返りなど期待しないで生きている」などといって、あたかも自分は「与える（give）」ばかりで「受けとる（take）」ことなど知らないかのようにふるまう人でも、なかなかこのルールからは逃れられないと思います。ためしに、そのようにいう人がいたら、なにかしてもらっても、わざとお礼をいわないでみてください。きっと、相手は不機嫌になっていますよ。

もしかりに、ほんとに与えるばかりの人がいたら、どうなるでしょう。与えられる側の人は与えられてばかりだから、よろこんでいると推測しますか。あなたがその立場にあると想像してみてください。あなたにも与える能力はあるのに、あなたはある人から与えられるばかりです。どうですか？

与えられてばかりなのも、あまりうれしいものではないと思いませんか。なにか、「借金」みたいなものがどんどん積もっていって、肩の荷が重くなるような気がしませんか。与えてもらって、最初は「悪いな」という気持ちが起きたのに、与えられ続けると、相手がうっとうしくなってこないでしょうか。

その理由は第三のルールに違反するからです。相互行為儀礼や等価交換ルールとも重なるのですが、もうひとつのルール、均衡ルールも社会の基層をなしています。均衡ルールとは、AがBに与えた量と、BがAに与えた量とが、ほぼ同じになるように行為すべきというルール、一方だけが多く与えることや、一方だけが多く受けとることがないように行為すべきというルールです。バランスのルールと考えてもらうとわかりやすいかもしれません。

その場その場で等価交換しているのだったら、つねに両者のあいだはバランスがとれているはずではないか、という疑問があるかもしれません。でも、じっさいには、ある時期、相手から一方的に受けとるばかりということも起こります。すると、両者のあいだはアンバランスになります。それでもつきあいをつづけるなら、「借金」を一気に「返済」してバランスをとろうとするでしょう。そこには、均衡ルールを守らせようとする圧力が働いていると考えられます。

▽対等ルール――信頼と親密さの証

しかし、親友とのあいだでは、相互行為儀礼や等価交換ルール、均衡ルールをある程度逸脱することができます。いや、むしろ、これらのルールに違反することによって、お互いに親友であることを確認している、といった方が正確です。

ちょっと知っているだけの相手をからかうことはなかなかできません。相手を傷つけてしまいそうだからです。相手を傷つけないよう、ことばを選ばなければならないので、窮屈な関係でもあります。

親友なら、からかうことができます。そもそもからかわれるのは、他の人には隠しておきたいような、自分のプライバシーや秘密、短所、失敗が親友になら話せるからです。

どのようにして、このような信頼関係が生まれたのでしょう。まず、Aが自分のプライバシーや秘密をBに打ち明けたとしましょう。このとき、Bに対してAはある期待をします。Bも秘密を打ち明けてくれるだろうという期待です。秘密を打ち明ける「義務」のような圧力がBに対して発生します。その期待に応えるか否か。応えたときに、親友関係が始まります。Aの期待に、Bが応えたからです。Bの協力によって親友関係がはじまったといってよいでしょう。

AがBにプライバシーを打ち明けたのは、AがBを信頼していたからです。「Bなら、私のプライバシーや秘密をちゃんと受けとめてくれるだろう」と考えたからです。そう考えて、Aは自分の弱点をさらけだしたのです。自分が「どうしようもない人間」であることを伝えたのです。弱点を知らせることは、相手が有利になることであり、その弱点をネタにして、BはAを自分の命令にしたがわせようとするかもしれないのです。「秘密をバラすぞ」と脅して、ずっとAを支配する可能性があるのです。にもかかわらず、AはBに内緒話をした。Bを信頼することに賭《か》けたことになります。

Aは勇気が要ることをおこないました。でも、これだけでは信頼関係は生まれません。Bもプライバシーを Aに話すことで、Aに対する信頼を表明し、そうしてはじめて信頼関係が生まれます。Aの弱点を利用して、自分が優位に立つことよりも、Aと対等であることをBは選んだのです。そういう意味で、Bの選択が重要です。むろん、きっかけはAの賭《かけ》でした。しかし信頼関係の生成ということにかぎっていえば、Aに対するBの協力が重要だと思います。

そして、いったん信頼関係が生まれれば、その後はプライバシーを打ち明けられても、それを聞いて笑い飛ばし、からかうことができます。相手のことばによってすこしぐらい傷ついても、大騒ぎしません。じゅうぶん許せます。むしろ、他の人とは結べない、特別な関係をつくっていることに、うれしくなります。また、窮屈さからの解放感で、自然に笑いが起きます。

その信頼は、からかう行為によってくり返し再生されます。相手を信頼しているから、プライバシーを打ち明けることができ、相手も自分が信頼してもらっていることを感じとり、それがわかったうえで、からかい笑い飛ばす。からかうことで信頼と親密さをいっしょに醸成する。もちろん、からかいすぎて、ケンカになることもあります。でも、謝罪すれば、だいたいは修復できます。ですから、親友関係においては、相互行為儀礼ルールに違反しているからかい行為と信頼とは、お互いに強化しあう関係にあるといえるでしょう。

等価交換ルールや均衡ルールについても同様です。相手に「借り」ができても、すぐには「返済」しません。そんなことをしたら、むしろ「水くさい」「他人行儀な」「距離のある」関係のように感じてしまいます。親友だからこそ、「返済」はいつでもいいのです。返済期限は無期限です。それは、親友関係を無期限で継続したいという意思の表明です。だから、均衡ルールなどに違反するのも、親友関係の確認につながるのです。

親友や夫婦などは、対等ルールにしたがっています。ですから、この関係では、年齢や性別、学歴や会社での身分といった社会的地位、資産や収入などの経済的地位、国籍、民族、人種などのちがいは無視されます。年下の妻は、夫を呼び捨てにできます。呼び捨てにできることが、信頼と親密さの証《あかし》です。「同じひとりの人間」「ほかのだれにとって価値がなくても、お互いにとっては価値ある人間」という意味で対等である、というルールに則《のっと》っているからです。

▽顔のない男

社会的ルールの逸脱は、信頼や親密さを生むことにつながる協力であることを説明しました。もし親密でありつづけたいなら、社会的ルールのうち、対等ルールだけは違反できません。対等ルールの違反とは、信頼を裏切ることにほかなりません。それは親密な関係の解消を意味します。だから、ほかのルールには違反できても、親密でありつづけるには、対等ルールを逸脱することはできないのです。逸脱すると、とんでもないことが起きかねません。

映画『ＵＲＡＭＩ～怨《うら》み～』（二〇〇〇年　原題：BRUISER Revenge has no Face）は、対等ルールの逸脱が暴力につながることを描いています。

主人公のヘンリーは、雑誌『ＢＲＵＩＳＥＲ』の編集者のひとりです。ちなみに、bruiserとは、タフで攻撃的でケンカっ早い人やプロボクサーのことです。私が子どもの頃、ブルーザー・ブロディというプロレスラーがいましたが、いまは関係ないので、映画に戻ります。

映画の冒頭から、ヘンリーは存在価値が認められていない人として描かれます。早朝、仕事のためにヘンリーが起きても、妻のジャニーンはベッドで寝たままで、ヘンリーをほったらかし。最近、郊外に自宅を購入したので、出費を抑えるため、ヘンリーはトボトボ歩いて駅にむかいます。通勤列車に乗ろうとするときは、後から来た客に割り込まれ、会社に着いて、受付の女子社員にあいさつしても返事はなし。同僚にあいさつしても、別の人との話に夢中で、ヘンリーを無視。編集会議では、編集長のミロがヘンリーの意見をけなします。でも、ヘンリーは「彼はオレを新しいキャリアへ導いてくれた」

とミロに恩を感じているので、ミロのことを悪くいいません。ところが、そのミロは、ヘンリーの妻ジャニーンと浮気します。その浮気現場をヘンリーは目撃してしまいました。

にもかかわらず、ヘンリーはジャニーンを責めません。そのことが彼女をいらだたせます。「あなたみたいなダメ男に興味をもった私がバカだった、まじめなだけで、他人に権利や感情を踏みにじられても黙って耐えるだけ、出世すると思ったから結婚したが、期待外れだった、身のまわりで起きるいざこざはすべて断らず、感情を抑えて引き受けてしまう、自分の妻が浮気しているところを目撃したのに、妻にも浮気相手にも殴りかかろうとすらしない、あなたはなんでもない、何者でもない（You are nothing. You are nobody.）」とヘンリーを罵倒します。そして、ヘンリーを自宅に残し、ミロのもとへと車を飛ばします。

取り残されたヘンリーは「クソみたいな努力をして、妻のためにいろんなものを手に入れたのに……なにも自分には残らないなんて……」と、ひとりつぶやくだけです。

翌朝、ヘンリーに異変が起きます。前日につくった、仮面舞踏会用の真っ白なマスクが顔に張りついて取れないのです。まだ色を塗っていない真っ白なマスクがヘンリーの顔になりました。いや、「顔のない男（faceless man）」になってしまったのです。「顔」をなくしたヘンリーは、凶悪・凶暴化します。家のものを盗む家政婦を殴り殺し、ミロとの浮気現場でジャニーンを首つりにし、親友だと思っていたのに自分をだましていたジミーを射殺。最後にミロもショーの一部とみせかけて殺害します。

映画で、ヘンリーは与えるばかり、奪われるばかりです。等価交換ルールも相互行為儀礼ルールも均衡ルールも、ヘンリーに対しては、破られつづけます。周囲のだれも協力してくれないのです。それでもいいとヘンリーは思っています。解雇されないよう「顔」を守って、まじめに働きます。それを可能にしたのは、愛する妻ジャニーンと親友ジミーの存在でした。彼らがいてくれるなら、その他の人との関係はどうでもいい。そうヘンリーは思っていました。

しかし、妻も親友も、ヘンリーを裏切ります。浮気と、ヘンリーを無価値な人間とみなすジャニーンの態度が、ヘンリーに「顔」を捨てさせました。証券取引を仕事にしている親友ジミーが、ヘンリーの資産で不当な利益を獲得し、二年間で三万ドルをヘンリーから盗んでいました。さらに悪いことには、この計画は妻ジャニーンが立て、ジミー以上にヘンリーの資産から不当な利益を上げていたのでした。「オレとおまえは何年つきあってきたんだ！」とヘンリーは悔しさを交えた叫び声をあげ、ジミーを殺害してしまいます。

夫婦や親友とのあいだでは、相互行為儀礼ルールなどからの逸脱は、むしろ親密さ、信頼感を表すものでした。からかいなど、協力のうえで逸脱しているともいえます。しかし、それらのルールを基礎から支える対等ルールについては、逸脱・違反した場合、大きな制裁が予想されます。「この人にだけは価値を認めてほしい」という思いが、裏切られたからです。

映画『ＵＲＡＭＩ』は、できのいい映画と私は思いませんが、対等ルールを逸脱したときの怖ろしさについては、うまく描いていると思います。

▽ルールも日々更新されている

話はややそれますが、ここで人とルールの関係について、すこし考えておきます。

この世のなか、無数のルールがあります。意味のあるものも、なさそうなものも。私たちにとって一番大事なのは、もちろん、意味のあるルールです。

ルールは人を縛ります。行為の選択肢を制限します。だから、ルールが多いところでは、堅苦しくて逃げだしたくなります。とはいえ、無限に選択肢があっても困ります。どのようにふるまうかを場面ごとにいちいち考え迷っているうちに、日が暮れてしまうでしょう。つまり、ルールは選択肢の幅をある程度制限することで、人に、どのようなときと場合に、どのように協力すべきか、その方向性を示してくれます。それが、意味のあるルールです。

人はルールに支配されるわけではありません。プログラム化されたロボットのようなものではないのです。そのように主張できる根拠は、ルールから逸脱することができるというところにあります。

ルールは、たとえば机のような物質があるようには存在しません。机のように、手で触ったり、足の小指をぶつけてひどい目に遭ったり、目でみることはできません。ルールを示すことばをみることはできますが、それは文字がみえるということであって、ルールがみえるということではありません。

意味のあるルールの存在は、ルール違反を指摘する行為によって、知らされます。ルールを守ることによってではありません。たとえば、制限速度時速八〇キロの高速道路を、すべての車が八〇キロで走っているとします。でも、それは制限速度というルールを守っていることを示しているとはかぎりません。もっとも燃費がいいから、という理由かもしれないからです。ですから、意味のあるルールなのかどうか、判断がつきません。

また、同じ制限速度の高速道路を、多くの車が一〇〇キロで走っている場合、八〇キロ制限というルールは、それを示す交通標識があっても、存在しないに等しいでしょう。この場合は、意味のないルールということになります。

八〇キロを超えて走る車をパトカーが追いかけ停車させ、違反切符を切って罰金を払わせるという行為があってはじめて、八〇キロ制限のルールがルールとして存在していることが知らされ、それを守ることには意味があることがわかります。

他者に嫌われる心配や、他者への怒りの事例を使って、いくつかの社会的なルールの存在を指摘しましたが、それは偶然ではなかったのです。これらの心配や怒りは、社会的ルールを違反したと思ったときに生じるのであり、そのルールが守る意味のあるルールであることを示していたのです。

そうだとすると、逸脱を批判する行為にも意義があることになります。守る意味のあるルールの存在を示してくれるからです。これもひとつの協力ではないでしょうか。

あなたが相互行為儀礼その他のルールに違反したとき、相手を怒らせてしまうでしょう。怒られたり叱られたりするのはだれでもいやです。でも、ルール違反者に対して叱る人がいなくなると、そのルールを守る必要性を、身をもって知る機会がなくなります。そう考えれば、ルールに違反して怒られても、すこし耐えやすくなるのではないでしょうか。

ただ、現在は、ルール違反をしている人に怒る人があまりいないように思います。とくに、見知らぬルール違反者を叱るような人です。私が子どもころは、そういう人に時々叱られました。でも最近はみかけません。せいぜい、メディアで取りあげられるルール違反者に対して、みんながいっせいに怒りをぶちまけるだけ。あれは怒るというより、弱っている人を攻撃するだけの、一種の弱いものいじめみたいなものだと思います。

くり返しになりますが、ルールはモノのように存在するのではなく、ルール違反を指摘する行為によって、その存在が示されます。違反指摘行為が日々実行されてはじめてルールは効力を発揮するのです。だから、だれがどのように指摘行為を実行するか、どれぐらいの頻度で実行するか、などによって、ルールは変容していきます。だれも違反を指摘しなければ、そのルールに効力はなく、そもそも存在しないのと同じになります。ルールは人々の行為によって、日々更新されているのです。

今日、効力を発揮したルールが、明日も同じ効力を発揮するとはかぎりません。協力が一時的であるのと同様、ルールも一時的存在なのです。

3 協力に協力してくれる存在

▽いま・ここにはいない死者たち

ここまでは、相互行為としての協力について、社会的なルールと関連させながら説明してきました。

けれども協力は、目のまえにいる他者との相互行為としてのみおこなわれるわけではありません。そういうふうにいうと、きっとネットでつながっている他者との協力のことが頭に浮かんでくるでしょう。それもたしかに、目のまえにいない人との協力ではありますが、ここで取りあげたいのは、たとえば、もうこの世にはいない他者との協力関係です。

人類が誕生して、いったい何人の人がこの世に誕生し、どのような思いをいだきながら一生を過ごしたのでしょうね。そんなことを考えると、頭がクラクラしてきます。

私は、もうこの世にいない人々の協力のおかげで、なんとか毎日を生きています。この本のアイデアを練るにあたっても、ずいぶん昔に亡くなった社会学者たちが残してくれた著作に協力してもらっています。私の考え方のどの部分が、なんという社会学者の考え方から養分をもらっているのか、それは自分にもわかりません。でも、彼らの著作を読んでいるうちに、なにかが私のなかに蓄積され、現在の私の考え方の基礎をなしていることでしょう。また、彼らの著作を読みながら、一〇〇年以上もまえに、こんなことを考えていた人がいたのか、と思うと、なんだか元気になってくることもあります。

私事で恐縮ですが、私の父は、いまから一〇年ほどまえに亡くなりました。母は元気で、父の月命日には墓参りに出かけます。どういう思いを抱きながら月命日の墓参りをしているのか、私は知りません。父はあまり人づきあいする方ではなく、にもかかわらず寂しがり屋でしたので、もしかすると、すこしでも寂しくないようにと考えて、墓参りするのかもしれません。もしそうだとしたら、父の寂しさを紛らわすための協力を、母はしていることになります。いや、むしろ母の方が寂しいから、父に会いにいくのかもしれません。そうだとすれば、母は自分の寂しさを紛らわせる協力を、父の魂に要請していることになるのでしょう。どちらも真実ではなく、私の勝手な、甘っちょろい推測にすぎない可能性の方が大きいようにも思います。私の推測が当たっているかどうかは問題ではありません。人間は、死者に協力し、死者から協力をもとめることもありうる、といいたいだけです。

死者と直接協力しあうことはできなくても、墓参りのおかげで、母は、生きている他者とも協力していくことができているのかもしれません。生者同士の協力関係に、死者が協力してくれる、ということです。

「それはおまえの母親だけの話じゃないか？」といわれそうですね。そうかもしれません。でも、母だけのことではないようにも思います。お墓参りにいって、あるいは仏壇をまえにして、死者とかかわり、死者に協力してもらっている人って、けっこういるんじゃないでしょうか。

そうだとすると、死者も社会をなりたたせている構成員のひとりといえるでしょう。

▽動物が縁になる

母親をだしにして、もうひとつ話題を提供します。大きな声ではいえませんが、母は「スズメばあさん」です。買い物や散歩のついでに、近所のスズメのためにエサをまきにいくのです。母がやってくると、近くの木々にスズメが集まってきます。人間への警戒心が強いので、すぐには降りてきません。母がエサをまいて、その場からすこし離れると、スズメたちが降りてきて、エサをついばみます。それをしばらく眺めてから、母はまた別の場所のスズメにエサをまきにいきます。

母のおかげでスズメたちは生きられるとまではいえませんが、母のエサまきをスズメたちは当てにしているようです。一方、母の方も、スズメがエサをついばみにきてくれることがうれしいのですから、スズメに協力してもらっているとみなすこともできるのではないでしょうか。一人暮らしする母が、家にとじこもることなく、元気で、外出を楽しみにできるのも、スズメの協力のおかげかもしれません。ただし、動物のエサやりに反対している方たちには、迷惑な話なのですが。

でも、人間に協力してくれる動物といえば、一般的には、スズメよりペットでしょう。ひところ、ペットを過剰にかわいがる人々のことがメディアで話題にされました。たとえば、ネコに全財産を遺産として相続させようとする高齢者が登場し、ペットは家族として認められるのか、議論が巻き起こりました。ペット・ロスの問題も一時期よくメディアに取りあげられていました。かわいがっていたイヌやネコが死んでから、なにも手がつかず、一日中悲嘆にくれているばかりで、日常生活にも支障が出ている人たちがいます。

ペットといえば、もうひとつ、殺処分の問題があります。二〇一一（平成二三）年度には、イヌが約四万四〇〇〇頭、ネコは約一三万八〇〇〇頭が殺処分されたそうです（「地球生物会議ＡＬＩＶＥ」ホームページ参照。ちなみに、両者の合計については、前年より約三万頭減り、一〇年前より約三二万二〇〇〇頭減少しているとのことです）。

こういった現象・問題は、いかに多くの人々がペットとかかわっているかを表しています。ペットとのかかわり方、つながり方はさまざまでしょう。でも、ペット・ロス問題が示しているのは、ペットがいてくれるからこそ、なんとか社会生活を送ることができる人々の存在ではないでしょうか。社会が人と人との協力でなりたっているのだとすると、ペットはやはり、人と人との協力に協力してくれているということになるでしょう。

たとえば、ペットが紐帯《ちゆうたい》（＝縁）となっていることは珍しくありません。イヌの散歩中に、「あら、かわいいわねえ」とかいいながら、イヌにかまってくる人をよくみかけます。じっさい、イヌを飼いはじめたとたん、近所に知りあいが増えるみたいです。お互いにイヌの名前しか覚えていないので、相手のことを「タローくんのお母さん」といった感じで呼びあうようです。

ペットにそのつもりがないのはいうまでもありませんが、ペットは人と人をつなぎ、人と人が協力する基礎づくりに協力してくれているのです。

医療や福祉、教育の分野でも、動物に協力してもらうことが増えつつあります。動物介在療法や動物介在教育と呼ばれる活動です。動物介在療法については、イルカ・セラピーが有名ではないでしょうか。自閉症スペクトラムの子どもが、イルカと触れあうなかで、症状が改善したという話を聞いたことがあります。ドッグ・セラピーも、高齢者施設などで実践されています。認知症の進行を抑制したり、無表情だった人が感情を表現するようになった、などの効果を発揮しているとうかがったことがあります。

動物介在教育は、学校で動物と触れあうだけでなく、たとえばイヌの心音を聴診器で聴くなどの実践をとおして、命あるものへの関心を促し、相手への思いやりや共感性を養うことなどを目的としています。子どものころの動物虐待が大人になってからの対人暴力につながるという研究結果もあるようで、そういう点でも、学校教育の一環として、小さいころから動物に慣れ親しむことには意義があるといわれています（浜本幸子「動

物介在教育」『芦屋大学論叢』第五七号、二〇一二年)。

もしイヌとの触れあいをとおして、対人暴力が減り、対人協力のチャンスが増えているなら、やはりここでも、人と人の協力の実現に、動物が協力しているといえるでしょう。その意味で、動物たちも、社会をなりたたせているメンバーなのです。

▽マンガ本に励ましをもらう

人間どうしが協力する基礎づくりみたいなものに、動物が協力してくれている例を紹介してきました。人と人との直接的な協力関係に対して、間接的に協力してくれているわけです。

けれども、ほんのすこしまえまで、人と動物はもっと直接的に協力しあっていました。牛の力を借りて田んぼを耕したり、巨大な臼《うす》を回転させてそばや麦をひいたりしていたことは、みたことはなくても知っている人は多いでしょう。馬に乗って、荷物を運んだり、遠くに出かけたりするのは、時代劇でよく目にしますね。ほかにも、猟犬、軍用犬、牧羊犬、セント・バーナードで有名な遭難救助犬などがいます。

その後、動物に代わって、人間と労働したり、仕事するのは機械になりました。先端をいくのは、やはりロボットでしょうか。労働という点では、産業用ロボットが代表的です。

現在、テレビニュースなどでよくみかけるのは、パワーアシストスーツとかパワードスーツなどと呼ばれる機械装置です。人間の身体に装着して筋肉の補助をしてくれるので、これを装着すると、ふつうならもてない重さの荷物も軽々運べるようになります。倉庫での労働や介護施設などでの活躍が期待されている機械です。

機械は最初から人間に協力するよう設計されているのですから、人間に協力するのはあたりまえといえばあたりまえでしょう。それでも確認しておきたかったのは、機械も人間とともに社会を成立させている構成員のひとつという事実です。

ちなみに、機械だからといって、いつも協力してくれるとはかぎりません。故障したときに、そのことを思い知らされます。

機械ではありませんが、モノが故障するということで思い出すできごとがあります。ある知人Xさんの家に遊びにいったときのハプニングです。その日、Xさんは友人Yさんと外で会う約束をしていました。約束の時間に間に合うよう準備をしてXさんはトイレに入ったのですが、出ようとしたら鍵が壊れてしまってドアが開きません。いろんなことを試みましたが、ぜんぜんだめです。修理屋に連絡したところ、到着までに一時間以上はかかるという返事。Xさんのお母さんがドア越しに、Yさんの連絡先を訊いて、急いで電話で事情を説明したところ、Yさんは、「ではXさん宅にうかがう」とのこと。やがて修理屋が到着。Yさんもやってきて、みんなでワイワイガヤガヤやっているうちに、修理屋が鍵を取り外してドアが開き、Xさんも無事外の空気が吸えました。

このハプニングでは、トイレのドアが、まるで外出を許可しないガンコおやじと同じなのではないかと思ったものです。ドアに意思はありませんから、変な言い方になってしまうのですが、あのときドアは協力してくれなかったのです。逆にいえば、ふだんドアは協力してくれていたのです。機械にかぎらずモノ一般も、社会の構成員に含められるのではないでしょうか。

また、ペットと同じく、モノは、人間どうしの協力関係の基礎を支えるという間接的な協力もしています。たとえば、本です。

私は、毎日の生活にくたびれると、マンガを読みます。なぜか元気になるのです。岩明均《いわあきひとし》の『寄生獣』は、すくなくとも二〇回以上は読み返しました。『じみへん』をはじめとする中崎タツヤの作品、『釣れんボーイ』ほかのいましろたかしの作品を読んでから寝るのが日課という時期もありました。それらを私は本で読みます（本を、電子書籍リーダーに置き換えてもらってもけっこうです）。

本とはいえ、描いてある内容を読むのだろう？　だから、モノとしてのマンガ本に協力してもらっているのではなくて、そのマンガを描いた作者たちに協力してもらっているのではないか？　そういう疑問を感じる人もいるでしょう。

ある意味、そのとおりなのです。でも、会ったこともなければ、これから先もたぶん会うことのない人々の、「よくまぁ、こんなおもしろいこと、考えつくなぁ」と私が感じるアイデアや視点を、私に伝え、結果として私を元気にしてくれるのは、本というモノ、物体です。

その作者たちは、本の出版を通して、私に協力してくれています。私は作者たちに、直接返礼はできません。本を購入しているのだから、印税というかたちで作者たちに返礼しているのではないか、とも考えられます。でも、じっさいには、印税（または原稿料）は出版してから数ヶ月以内には作者のもとに振り込まれているので、やはり購入も直接の返礼にはなっていません。せいぜい、作者の考えのおもしろさを、できるだけ多くの人に伝えるぐらいしか、返礼できません。それを伝える行為が、作者への協力になっていればいいのですが。やや話がそれました。ポイントは、本をとおして人と人が協力しあう可能性、そして本という物体も、協力に協力してくれる、社会の構成員だ、ということです。

そう考えていくと、本というモノにかかわるすべてのことがら、たとえば執筆、編集、印刷、製本、流通ということがらも、経済活動でもありますが、立派な協力とも考えられます。そこには、パソコンも、インターネットも、Ｗｉ－Ｆｉも、印刷機械も、製本の機械も、道路交通機関も、燃料も、かかわっています。もちろん、それぞれ、ネットワークのためのケーブルを敷設する人、コンピュータ・プログラムを書く人、機械を動かす人、道路工事をする人、トラックを運転する人、トラックに給油する人、などなど、私の想像などまったく及ばない無数の人々がかかわっていることになります。そのかかわりのすべてを、協力と捉えることができます。

▽協力のあり方は変化する

相互行為としての協力を、この世にはいない人たち、動物、機械、モノが基底的に支えてくれているということを説明してきました。この説明には、つぎのような含意があります。こうした間接的・基底的に協力してくれるものとの関係が変化すると、相互行為としての協力のあり方も変化する、という含意です。

たとえば、前章で取りあげた、ネット中継をする人々など、インターネットが普及することで、通信ツールを媒介に、会ったこともない人との協力が可能になります。そして、直接会ったことはないネット上の知りあいと協力しあうことの方が、目のまえにいる人との協力より大切だという人も増えるでしょう。

そういう人のなかには、ネット上の知りあいの励ましのおかげで、対面的な協力関係をうまく成し遂げることができる人もいます。逆に、ネット上の知りあいとの関係に集中しすぎて、目のまえにいる人と協力する意思がほとんどないかのようにふるまう人も現れるでしょう。

このように、ネットの普及が相互行為としての協力をどのように変化させるかは、一概にいえません。そこもポイントです。

生まれたときから身の回りにパソコンやケータイがあった世代と、そうでない世代のあいだの協力関係も、以前とは異なってきます。一昔前まで、日常生活に役立つ知識や情報を、年長世代が自分たちの経験にもとづいて若い人々に提供するという協力関係がありました。しかし、そのような知識・情報を若い人たちはケータイで手に入れることができるようになっています。一方、パワーアシストスーツが利用できるようになると、身体に障害があるお年寄りでも、ひとりで行動可能になり、若い人の力を借りる必要が小さくなるでしょう。こうして、年長者と若い人との関係が、よりフラットなものになると、協力のあり方も変わってくるでしょう。しかし、どのように変化するかは、やはり不確定です。世代間で対等な協力関係を築き上げるケースもあれば、高齢の親の世話になりっぱなしの人も増えるかもしれません。

相互行為としての協力に間接的に協力し、基底部分を支えてくれるものが、どのように変化し、どのような社会のあり方を生みだすか、今後も社会学の課題となっていくことと思います。

第三章　集団・組織での一時的協力とは

1　一時的協力はいつも不確か

▽常に変化する状況

前章では、相互行為としての協力や、その協力に多様な存在が間接的・基底的に協力してくれていること、そういうふうにして社会は日々更新されていることを説明してきました。

また前章では、一時的協力ということばの「一時的」を省略し、協力ということばを一時的協力の意味で使いました。しかし、本章では一時的協力という表現に戻します。というのも、本章では二種類の協力が登場するからです。その二種類とは、一時的協力と持続可能な協力です。

本書がもとづく一時的協力理論（ＰＣＴ）によれば、本来、すべての協力は一時的です。くり返しますが、「一時的」とは、「あるときある場では存在したけれど、つぎも存在するかどうかは不確かである」という意味です。

すべての協力が本来一時的なのは、すべての行為や態度がそもそも一時的だからです。物質の場合であれば、たとえば化学反応がそうであるように、ある条件のもとで起きる現象は、同じ条件を与えればかならず起きます。けれども、人間の場合、ある条件のもとで、ある行為や態度が現れたからといって、同じ条件が与えられれば、その行為・態度がふたたび現れるとはかぎりません。

鴨長明『方丈記』冒頭の有名な文章「ゆく河の流れは絶えずして、しかももとの水にあらず。よどみに浮かぶうたかたは、かつ消えかつ結びて、久しくとどまりたるためしなし。世の中にある人とすみかと、またかくのごとし」にあるように、そもそも、「同じ条件」なるものが二度そろうこと自体、ありえません。

毎朝毎朝、同じ電車の同じ車両に同じ乗客が乗って通勤・通学するということがくり返されているようにみえても、車両内の状況は毎日異なり、一瞬一瞬異なります。そこにいる人たちの気分（「朝からお母さんとケンカして、なんだか、ゆううつ」）、関心（「あそこに座ってる人が着ているスーツのブランドはなんだろう」）、心配ごと（「昨日メールであんなこと書いちゃったから、今日は無視されるかもな」）、期待（「今日のランチは、ガイドブックに載ってたあの店にしよ！」）、身体の調子（「オールしたから、眠くてしかたない」）は、毎日変化します。いや、一瞬一瞬変化しているといっても過言ではないでしょう。しかも、その日そのときの天候、気温、湿度も、前日のプロ野球の勝敗も異なり、「同じ条件」など二度存在しません。

それに、前章でもたびたび指摘しましたが、社会的なルールがあっても、それを逸脱する人はいくらでもいます。そもそも社会的ルールは、かなり曖昧です。ある行為がルールに則《のっと》っているのか、逸脱しているのか、判断がむずかしいこともしばしばあります。

ですから、こんなに多くの人々が、喫茶店で、電車内で、電話で、グチをこぼすのでしょう。「私はこんなにしてあげたのに、相手はそれが全然わかっていなくて、ほんのすこししか感謝してくれない」とか「私はそんなつもりでいったわけではないのに、相手は突然怒りだして、わけがわからない」「アイツのいっていることは正論かもしれないが、あの言い方が気に入らない。いったいアイツは何様なんだ」といったグチが、日本全国あちこちでこぼされています。その原因は、相互行為儀礼ルールその他の社会的ルールがあいまいであり、ある行為がルールにしたがっているのかどうか、なんとでも解釈可能だからです。

たとえ、過去にうまくいったやり方で協力したからといって、今回もうまくいくとはかぎりません。相手が同じ人であってもです。過去の成功が現在の成功を保証するとはかぎらないのです。

人間については、ある行為がおこなわれるかどうか、その行為がどのような結果をもたらすか、不確かだからです。

▽不確かさを減らす

人間の行為や態度は本来一時的で、不確かです。にもかかわらず、けっこう、予測可能でもあります。たぶん、明日も授業はおこなわれるし、電車はほぼ時刻表どおりに駅に着くし、お母さんは勉強しろとうるさいだろうと予想して、翌日になったら、やはり予想どおりだった。それが日常でしょう。人は習慣になっていることをくり返しているだけだ、と結論できそうなぐらいです。

人間はかなりおおざっぱで、ほんとうは「ゆく河の流れは絶えずして、しかももとの水にあらず」のはずなのに、「今日も川の流れは昨日と同じ」と認識します。「まえにあった○○のパターンだな」とか「△△系じゃん」というふうにです。社会学では類型化と呼ぶことがあります。日常感覚では、決めつけと呼んだ方がぴったりかもしれません。

多くの人が同じように、適当におおざっぱにものごとを決めつけ、そのものごとに過去と同じパターンで対処しても、だいたいほどほどの協力がなされ、くり返されるものなのでしょう。そうであっても、人の行為や態度が不確かであることに変わりありません。

この、協力の不確かさに、とても敏感になる人々がいます。それは、協力を一時的なもので終わらせたくない人です。

たとえば、恋人のことが好きで好きで仕方ない人は、相手がずっと恋人としてふるまう協力をしてほしいと強く望むでしょう。明日になったら、いや、ほんの一瞬後には、恋人としてふるまってくれなくなるかも、などと考えたら、不安でたまらなくなるはずです。だから、あの手この手で、こちらとつきあうという協力を継続してもらおうとするでしょう。ひんぱんにメールする、恋人の誕生日には高価な贈り物をする、恋人が気に入るような服装に変える、などなど、いろんな努力を重ねることでしょう。

しかし、一般的には、集団・組織こそ、持続可能な協力をもっとも必要とします。以下、集団と組織はどのようにして協力の持続可能性を高めているのかをみていきます。ただし、集団・組織という表現は煩雑になり、組織も集団のひとつのあり方ですので、はっきりと組織だけをあつかう場合以外は、集団ということばに統一します。

2 協力を持続可能にする工夫

▽一時的協力では困る集団

協力を持続可能なものにするための努力と工夫を重ねてきたのは、集団のリーダー的存在でしょう。とくに会社・企業のような組織は、協力が一時的で不確かなのは困ります。

社員が明日出社しない可能性、出社しても仕事をしない可能性、仕事はしているようにみえるものの、じつは指示を守っていない可能性、客や取引先との約束を守らない可能性、などなど、現実に起きてしまうと、会社として存続は不可能でしょう。

あなたは、ネット通販で購入した商品が今日届く予定なので、指定した時間にワクワクしながら自宅で宅配便がくるのを待っています。でも、指定した時間になっても宅配便はきません。「友人の誘いを断って待ってたのに……」とイライラしながら、宅配便の会社に電話してみました。すると、「今日、ドライバーがトラックを運転したくないというものですから、また明日でお願いします。でも、明日かならずドライバーが仕事してくれるかどうかは不明ですが」と応対に出た従業員が説明したとしましょう。あなたは、こんな宅配業者に、今後、宅配を依頼するでしょうか。この宅配業者が業績不振で倒産するのも、時間の問題です。

社員が約束を守るかどうか、仕事してくれるかどうか不確かで、一時的にしか協力してくれないのでは、会社はたいへん困ります。そこで、なんとか一時的協力が持続可能な協力になるよう、工夫しなければなりません。

では、どのような工夫があるでしょう。

▽お金と脅しを動機に

わかりやすいものからいきましょう。まず、お金です。そもそも会社で働くという協力をする動機・理由の大半は、収入を得るためです。

日本のような資本主義社会においては、商品を購入するための資金がなければ、衣食住を満たすこともできません。ですから、協力しないと給料を下げるぞ、などと脅すことによって、協力を持続可能なものにしようとします。

集団から排除するぞと脅すことが、持続可能性を高めることがあります。会社なら解雇、学校なら退学ですね。排除すると脅す方法が有効なのは、集団のメンバーになること自体、簡単ではないからです。

どこかのお店のポイント会員のようなメンバーには、簡単になれます。氏名や住所などを申込用紙に記入すれば、すぐポイントカードが発行され、会員の仲間入りです。でも、集団のメンバーになった感じはしませんよね。ほかにだれがメンバーなのか、あなたは知りませんし。また、知る必要もありません。ポイント会員という集団のメンバー同士で協力して、なにかの目的を達成しようというわけではありませんから、そんな必要はないのです。

一方、会社組織は、利潤（利益）をあげることが目的です。この目的を達成するには、経営者と従業員の持続的な協力が必要です。だから経営者・雇用者は、なんらかのテストをしたり、面接で質問したりして、持続的に協力してくれそうな人を雇います。雇われた側は、その会社のメンバーになりたくて、テストや面接に受かるよう努力したのですから、簡単にやめさせられたくはありません。だから、メンバーとしての資格を奪うぞと脅すことは、持続的協力の可能性を高める方法として用いられます。

▽集団の境界の効果

給料を下げるとかメンバーとしての資格を奪って排除するといった方法は、相手にとって価値あるものを奪いとるというやり方です。処罰のような感じですね。

処罰的な方法を使って、メンバーに協力してもらっても、イヤイヤ協力してくれている感じです。そこが処罰的な方法の欠点です。いつも脅していないと、すぐ協力をサボりそうです。だから、リーダーも気が抜けません。あまり上手な方法とはいえませんね。むしろ、メンバーが自主的、積極的に協力しようという気になってくれた方が、効率的です。そのためには、会社の場合であれば、給料を下げるぞと脅すより、協力すれば給料を上げるという方が効果的でしょう。でも、給料もそうそう上げられません。自主的・積極的に協力させるには、境界を設定する方法もよく使われます。味方／敵、ウチ／ソト、われわれ／ヤツらにわける境界を設定するのです。

境界設定の方法も、さまざまです。たとえば、隠語の使用です。ちょっと古くて恥ずかしいのですが、「チョベリバ」という隠語が、女子高校生のあいだで流行《はや》った時期がありました。「チョー・ベリー・バッド」を略したもので、「最悪」という意味を過剰に強調しようとすることばです。このことばを発明し最初に使いはじめた人たちのグループでは、「チョベリバ」は意味のあることばです。でも、グループ外の人たちには意味不明です。両者のあいだには、みえない境界線がひかれているようなものです。

このように、メンバーで協力して隠語を使用することは、この隠語がわかる「ウチら」とそれ以外の人たちとを区別する境界を設定します。仲間意識と、ちょっとした敵対意識が、同時に生まれます。そして、隠語がわかる人たちは、わからない人たちより優位に立っている気分になって、ちょっと誇らしげになることでしょう。それがふたたびメンバー同士の協力の可能性を高めます。それと反比例するように、メンバー以外の人との協力がなされる可能性を下げます。

そもそも、いったんある集団に所属して、メンバーと協力する経験をもつこと自体、隠語の使用と同じような効果を発揮します。というのも、協力の経験によって、その集団のメンバーにしか通用しない共通の話題ができるからです。それは、どんなささいなことがらでもいいのです。いや、むしろ、ささいなことほどいいでしょう。たとえば、職場であれば、朝礼で毎回おこなわれる社長のスピーチ、だれとだれが仲がいいとか悪いとかのうわさ話、事務手続きの面倒くささなど、その職場で働いたことのある人にしかわかりません。そもそも他の職場の人には、関心すらもてない話題です。でも、同じ職場の人同士であれば、話が弾みます。

メンバーにしか通用しない共通の話題は、その集団が物理的にも閉じられていることによって、より生じやすくなります。通常、会社のような組織は、建物、塀、壁などの物体によって、他の会社、他の部課局からわけ隔てられています。関係者以外には、なにがおこなわれているのかみえないし、どんな話をしているのか聞こえません。関係者にしか、それらは知りえません。物体も、ある特定のメンバーにしかわからない話題の生成に貢献しているわけです。

こうして、物理的にも閉じられた空間で、ある集団に所属し、くり返し協力する経験が増えると、メンバーのあいだにしか通用しない共通の話題が生まれ、隠語の使用同様、みえない境界を設定します。ほかの集団のメンバーにはわからない話題が通じる相手がいてくれると、居場所ができた感じがすることでしょう。そして、居場所を確保するために、自主的に協力するようになります。

同時に、先述のように、メンバー以外の人々に対する優越感が芽生えるだけでなく、外部との協力の可能性は低下します。ひどいときには、メンバー外の人々への暴力をも生みだします。

▽[実験] 青い眼・茶色の眼

アメリカのライスビルの小学校でおこなわれた実験(ビデオ『心理学への招待』第二〇巻、丸善出版、一九九二年、参照)も、境界の設定にかかわるものでした。一九六八年、小学校教師のジェーン・エリオットは、黒人の牧師マーティン・ルーサー・キングの暗殺事件を重くみて、自分が担任を務めるクラスの小学三年生たちに、身体的特徴による差別の苦痛について経験させようとします。

エリオット先生は、「これからゲームをします。いまからは、青い眼の人は茶色の眼の人より優秀だ、というゲームです」と宣言します。生徒たちはどよめきます。茶色の眼をした生徒たちは、そんなこと、あるはずがない、と懸命に否定します。でも、先生は反論します。たとえば、茶色の眼の男の子が、青い眼の人の方が優秀だなんておかしいと主張したのに対して、「まえに親に殴られたと話してたわね。青い眼の親は、子どもを殴ったりしないのよ」と。また、「ジョージ・ワシントンの眼は何色だったかしら?」と生徒たちに問いかけ、「青」と生徒が答えると、「これが現実なの。これからは茶色の眼の人は青色の眼の人と遊んではいけません。あなたたちは、青い眼の人ほど優秀ではないからです」と指示します。

休憩時間を挟んで、つぎの授業時間になりました。教室に戻ってきた生徒たちの様子が変です。なにがあったのかエリオット先生が尋ねると、休憩時間中、ある茶色の眼の男の子が青い眼の男の子を殴って、ケンカが起きたとのこと。茶色の眼の生徒たちは協力して青い眼の生徒たちがどんな悪口を投げつけてきたかを、一生懸命先生に訴えます。一方、青い眼の生徒たちも協力して、茶色の眼の生徒たちがさきに手を出してきたことを訴えます。

エリオット先生がこの授業をおこなった理由は、先述したように、独断的・一方的に身体的特徴の意味を決めつけられるという経験が、いかに苦痛かを伝えることにありました。本書が注目したいのは、この実験が、ウチの集団とソトの集団をわける境界線を引くと、それぞれのウチにおいては自主的な協力がおこなわれることを、ある程度実証しているところです。境界が設定されたとたん、子どもたちはソトの集団と対抗し勝つため、ウチのメンバー同士で協力しはじめました。だれに指示も命令もされないのに。

そして、それは暴力に発展していきました。

子どもだから、こんなことが起きるのでしょうか。大人も子どもと大差ないような気が、私にはします。世界中で起きている国家や民族、人類、宗教・宗派などのあいだの紛争は、境界設定にも、その理由のひとつがあると思うからです。

くり返しますが、この実験は、境界を設定し、それを維持し、境界のウチとソトの違いを強調することが、集団内部での協力の持続可能性を高めることを、ある程度実証しているのではないでしょうか。

▽競争原理を使ってグループをまとめる

こういったことは、経験的に多くの人がすでに知っています。だから、協力を持続可能にするために、他の集団と競争させるという方法がしばしば用いられます。

とくに日本で生まれ育った人は、集団をつくって競争させるという方法に、小さいころから慣らされているような気がします。というのも、小学校～高校時代、クラスのなかに「班」という小グループがありました。全員が班にわけられ、教室では班ごとにかたまって机が配置されていました。授業後の教室の掃除などの当番は、基本的に班単位でおこなわれ、どこの班がもっともよく協力して当番をやりとげたかを競わされていました。ほめられるのも叱られるのも班単位で、しかも班のメンバーがひとりでもルールに違反して、たとえば掃除当番をサボると、「連帯責任」ということで、これまた班単位でペナルティを科せられるのです。

クラス単位での競争もよくさせられました。運動会や音楽会が、その典型例なのですが、私が忘れられないのは、小学校時代の、虫歯をゼロにする競争。虫歯のある人は歯医者で治療してもらってくるように指示され、だれにまだ虫歯があるか、氏名が教室の壁に張りだされるのです。治療を受けて虫歯がなくなると名前を消してもらえます。そしてどのクラスが最初に虫歯ゼロになるか、競争させられるのです。ひとりでも虫歯の治療に行かない人がいると、クラス全体としてゴールできませんから、これも一種の連帯責任だと、子ども心に思ったものです。というのも、その、歯医者に行かない生徒のひとりが私でしたから、よけいにいやな感じがつきまとっていました。私は歯医者が大嫌いなのです。でも、「おまえのせいで、競争に勝てない」と壁に張りだされた私の名前をみるたび責められているようで、死ぬ気で歯医者に行ったことを思い出します。

悲しいもので、この競争の習慣は、五〇歳を過ぎたいまでも、この身に染みついています。たとえば事務仕事に駆りだされ、小グループにわかれて作業するとき、つい「ほかのグループよりも早く仕事を片づけてしまおう」と競争してしまうのです。しかも、私だけでなく、ほぼ全員がそうなっているようです。おかげでみんなが協力し、作業はあっという間に終わるのですが、学校教育でもっとも効果をあげているのは、小グループでの競争の習慣なのではないかと毎回悲しくなります。

他集団と競争させることは、メンバーの協力を持続可能なものにする、ひじょうにポピュラーな手段といえそうです。

▽「Dデパートの社員」というアイデンティティ

境界の設定や競争と密接に関連するのが、アイデンティティです。境界を設定してウチとソトをわけるとき、「私は〇〇グループのメンバーだ」という意識をいつの間にかもつものです。ここに競争の要素が入ってくると、ますます集団のメンバーとしてのアイデンティティが、協力を持続可能にします。

たとえば、私が大学生のとき、神戸のDデパートでアルバイトしていたことがありました。Dデパートの社員食堂には、壁の高いところに、紳士服売り場、靴売り場など、売り場ごとに決意表明のポスターが貼ってあります。売り上げ目標を数字で示しているのです。おもしろいのは、その数字とともに、「われわれDデパート紳士服売り場は、Sに絶対負けないぞ！」という感じの決意表明が書いてあるのです。Sデパートは、Dデパートから歩いて一〇分ほどのところにある競合他社です。競争心を煽《あお》ることで、「Dデパート社員としての私」というアイデンティティ意識を強くもたせ、売り上げアップに協力させようというわけですね。

あなたが、Dデパートの社員であることを誇りに感じ、他の社員との一体感をもつようになると、だれに命令されることもなく、きっと自主的・継続的に他の社員と協力して、競争に勝とうとするでしょう。負けることは、自分のアイデンティティに傷がつくように感じるものです。「Sより劣っているDの社員である私」というアイデンティティは、やはりなかなか受け入れにくいでしょう。ですから、なんとかSよりも優位である根拠をもとめて、Dの社員は持続的に協力する可能性が高まるのです。

アイデンティティに関連して協力の持続可能性をさらに高めるには、承認の付与・剝《はく》奪《だつ》という手段も有効でしょう。

「私はDデパートのメンバーである」というアイデンティティは、自分ひとりでは維持しつづけられません。Dデパートに属する他のメンバーに、受け入れられ、認められる必要があります。ということは、承認を与えたり、剝奪することによって、協力の持続可能性を高めることもできそうです。ちなみに、承認の付与・剝奪のことを、社会学では「サンクション（sanction）」といいます。

たとえば、「オマエはDデパートの社員らしくない」という負のサンクションは、Dデパートの社員であることがアイデンティティの中核を占めている人にとっては、死活問題となります。職場でいたたまれなくなってきます。なんとかプラスのサンクションを得ようと、Dデパートの社員らしさを身につけ、Dデパートに貢献しようと努力するでしょう。

日本では、ほめることよりも、叱咤《しった》激励することで、意欲をもたせる傾向があいかわらず強いので、このような負のサンクションが、協力の持続可能性を高めると多くの人に考えられているように思います。

3　集団における一時的協力の見直し

▽変質する集団の意識

さて、前節では、集団において、一時的協力を持続可能なものにする要因や手段について検討してきました。人々は、お金や脅し、境界の設定、競争、アイデンティティの承認といった要因・手段によって、協力の持続可能性を高めてきたのでした。

このことは、いくつかの帰結をもたらしました。まず、一時的協力の持続可能性が高まってくると、協力が本来は一時的で不確かなものであることがいつの間にか忘れられ、持続する協力が本来の協力であるかのように思われてきています。第一章で検討した、多縁社会を無縁社会と捉える人々が、この傾向を象徴しているように思います。血縁・地縁・社縁によって協力が持続するのは当然だと無縁社会説は考えているので、一時的協力を非本来的なものと捉え、協力の不確かさを望ましくないものとみなすからです。

第二の帰結は、集団が、それ自体の存続を自己目的化していることです。さまざまな集団は、すでにある程度の期間、境界の設定・競争・アイデンティティの承認によって一時的協力を持続可能なものへと変換してきています。その歴史があるために、いつの間にか、ウチとソトをわける境界自体を維持することが、まるで集団の本来の目的であるかのように考えられてきているのです。

第三の帰結は、境界の維持が自己目的化している集団は、お互いに相容れない集団であるかのようにふるまう傾向にあることです。些細な違いを強調することで、境界を維持しようとするので、このような傾向がみられても、不思議はないのでしょう。

こうした帰結によって、それぞれの集団は、従来どおりの枠組みのなかだけで協力しようとします。枠組みからすこしでもズレるものは、別の集団の問題であるとして受けつけません。見方を変えれば、自分たちの都合を優先するようになる、ということです。組織の硬直化、タテ割り、専門タコ壺化、既得権益の維持、など、メディアで決まり文句のように登場するこれらのことばは、集団が境界の維持や自らの都合を最優先してきている状況を言い表そうとしたものです。

これまでさんざん批判されながらも、この状況が改善されないのには、一時的協力の持続可能性を高めることに、各集団とも努力と工夫をしてきたという経緯も関連しているのです。

▽あらためて、ノットワーキングとは

集団の、このような問題を打破しようと考え、境界を越えて一時的に協力することの可能性や意義を主張する人々がいます。たとえば、教育などの分野で活動理論（activity theory）を唱える人々がそうです。彼らは活動理論のなかでもとくに「ノットワーキング（knotworking）」という概念を重視しています。

活動理論では、人と人とが関係することを「結び目（ｋｎｏｔ）」と比喩的に捉え、人々が関係の糸を結んだり、ほどいたり、また結んだりする運動をノットワーキングと呼びます。その意味で、本書が唱える一時的協力と、ノットワーキングは、ほぼ同じことがらを指していると私は思っています（じっさいには、多くの活動理論家たちは、一時

的協力よりも、もっと狭い意味で、ノットワーキングということばを使っています。でも私は、もっと広い意味で使う方が有意義だと考えています）。

そこで以下しばらく、小中学校の連携（保坂裕子「ノットワーキングによる発達環境の協創」）とボランティア組織（渥美公秀「即興としての災害救援」）におけるノットワーキングに関する論考を参考にして話を進めていきます（両者とも、山住勝広／ユーリア・エンゲストローム編『ノットワーキング』新曜社、二〇〇八年、所収）。

▽境界を横断する子どもたち

子どもが成長・発達していくことに対して、どこで、だれが、どのような協力をしているでしょうか。まず思いつくのは家庭ですね。子どもの成長や社会生活の基礎となる能力や礼儀をしつける場として、家庭はイメージされます。それから、学校。子どもの成長や発達を効果的に実現する職業人・専門家集団というイメージですね。三つめとして、地域社会がよく登場します。家庭の教育力が低下している、それを補うのは地域だ、というかけ声をよく聞きます。かけ声だけでなく、地域内であいさつ運動を展開し、地域によるしつけ・教育を実践しているケースも増えているのではないでしょうか。

それぞれの集団は、たしかに子どもの成長を願って活動しています。しかし、境界が存在することをあたりまえのものとみなし、境界内のことがらには責任をもって協力するけれども、境界の枠組みをすこしでも超えるものについては協力を断るという点で、家庭も学校も地域も同じではないでしょうか。

もちろん、そこには責任問題や法律上の問題も関係してきますから、責任がもてるのはここまで、と、責任範囲を明確に限定してしまうのも仕方のないことでしょう。

しかし、子どもの成長がどのような要因によって促進されたり、阻害されたりするか、まだよくわかっていません。さまざまな要因が複雑怪奇に絡みあって、人の多様な成長の仕方に関連しています。しかも、成長を願って協力している対象者である子どもは、家庭・学校・地域の境界を軽々と越えていく存在です。子どもは境界横断的存在なのです。

このような実態があるにもかかわらず、家庭・学校・地域がそれぞれの責任の範囲を限定し、役割分担することは、集団の都合上仕方がないとはいえ、子どもの成長を優先するものでもなければ、子どもの実態に合致するものでもありません。

たとえば、不登校やいじめの報告件数は、中学一年生で急増することがよく知られています。「中一ギャップ」とも呼ばれるこの問題を解決するため、小学校ではどのような取り組みをおこなうか、中学校ではどうか、というふうに、各組織がその責任の範囲内でなにができるかを検討する。これが、問題に対するときの、従来の取り組み方でしょう。

しかし、先述のように、子どもは、小学校と中学校とのあいだにある境界を越えていきます。一方、小中学校の方は、従来の境界を維持したまま、境界を前提に対処しようとします。もしかすると、中学校一年生でいじめ・不登校が増えるのは、境界を前提にしていることに理由があるかもしれません。そうだとすれば、境界を横断していく子どもたちが成長していくためには、成長を手助けする側の学校も、境界を横断する必要があるのではないでしょうか。

▽境界を越えた一時的協力

そのような問題意識にもとづいて、ある都市の中学校区（中学校一校、小学校二校）では、中学校と小学校が連携して、両方の教員が行き来するプログラムを実施しています。たとえば、中学校のある先生は、小学校高学年のクラスで理科を教える。数年後、小学校で教えたことのある生徒たちに、中学校でふたたび教える、というような取り組みです。

中学に入学しても、知っている先生がいることは、新入生たちの入学直後の不安を和らげるようです。また、小学校の先生が中学で授業をする際、小学校時代の様子をふまえた指導も可能になっています。さらに、中学校と小学校を行き来する教員たちは、おたがいに情報を持ち帰っていきますから、それぞれの学校において情報の共有ができるようになります。

このような相互境界横断的な協力がおこなわれる以前、中学校のある先生は、たとえば中学入学以後、あまりちゃんとしていない生徒をみかけると、「小学校の先生はもっとちゃんと指導しないといけないのに……、いったい小学校はなにをしているんだ」などと憤慨していたそうです。それが、じっさいに小学校で教えてみると、生徒の様子が昔とまったく違っていて、教える側がたいへん苦労していることや、中学校に入ってからのことも小学校にいるあいだに子どもたちは指導されていたことを知り、小学校に対する中学校側の偏見や思い込みに気づかされるようです。

こうして、小学校と中学校とは区別された組織ではあるけれども、生徒を、小学生から中学生へと連続的に発達していく存在とみなせば、生徒という同じ対象を共有する二つの組織ということになります。

小学生時代は小学校がサポートするので、中学進学以降は関知しない、とか、中学生時代は中学校がサポートするので、それ以前のことには関与しない、というのが、境界優先的協力だとすれば、ここでの取り組みは、境界横断的協力といえるでしょう。

境界横断的協力によって、小学校から中学校への移行もスムーズになるようで、この中学校区においては不登校児童・生徒数はほぼゼロを維持しているそうです。この状況を達成するのに貢献しているもうひとつの組織が、相談グループです。

相談グループは、この中学校区の三校それぞれの養護教諭、生活指導、生徒指導、校長、教頭、市教育センターの教育相談担当からなります。相談グループは、それぞれの学校の養護教諭や学級担任の先生たちが、個々の生徒の事例をもちよって検討したり、問題解決のために情報交換したりする場となっています。こうして、たとえば、以前であれば、不登校の子をもつ親は、小学校と中学校では異なるアドバイスを受けていましたが、相談グループでの検討・情報交換によって統一したアドバイスを受けることができるようになります。学校教育の現場での境界横断的な協力によって、さらに、家庭にいる親とも境界横断的な協力が可能となってくるわけです。

それを可能にしたのは、子どもは家庭や学校の境界を横断する存在であり、異なる境界によって区別された集団それぞれにとって共通の対象者である、という認識でした。いわれてみればあたりまえのことなのですが、それぞれの集団は、自分の境界内にいるときの子どもだけを対象者として活動し、ひとりの同じ子どもであるにもかかわらず、まるで別々の対象者であるかのように思いこんできたわけです。この思いこみは、各集団内で一時的協力を持続可能なものにしようとしてきた努力の副産物であり副作用とい

あ、知ってる先生！
ホントだ！
中学校
小学校

えるでしょう。

もちろん、この境界横断的協力が万能というわけではありません。また、この取り組みをおこなうなかで、さまざまな課題も現れてきています。たとえば、学校の境界を横断して授業をおこなう先生は、担任を受けもつことができず、そのために他の先生の負担を増やしてしまっているのでは、という自責の念に囚われやすくなります。あるいは、境界を越えて授業をする先生自身も、負担が増えるようです。

しかし、新たな課題は、ふたたび多様なノットワーキングを試みるというチャレンジにつながります。新たな課題が明らかになることは、ノットワーキングの有効性をむしろ証明するものであると、活動理論では捉えられるのです。なぜなら、課題の解決をとおして、人も集団も学習し、発達していくと考えるからです。

▽ボランティアでみられる一時的協力

つぎに、ボランティアによる救援活動組織について取りあげます。ポイントは即興と一時的協力です。

一九九五年一月に阪神淡路大震災が起きて、もうすぐ二〇年になろうとしています。私も神戸市兵庫区の実家で被災し、しばらく母校の神戸市立水木小学校で避難しながら、保健室の手伝いをしていました。ボランティアというほどのものではなく、あくまで避難者のひとりとして作業していました。というより、私のいた水木小学校では、避難者＝ボランティアという人がほとんどでした。

それはさておき、ここで参照する論文「即興としての災害救援」の著者渥美さんは、震災当時、被災しながらも、避難所の救援活動に参加していたようです。その後も、さまざまな場所での災害救援活動に参加し、その経験を「即興」をキーワードにして整理した論文を、ここでは参考にしています。

即興とは、ルールが不安定で役に立たなくなったとき、その場その場の状況に応じて、人々が、一時的なルールを生成・更新し続けるプロセス、としておきます（渥美さん自身の定義とはやや異なります）。

震災のような大規模な災害が起きたとき、私たちがふだんしたがっているルールは一時停止の状態になります。それがまさしく非常時ということです。そのような状況でおこなわれる救援活動については、なにが適切でなにが不適切であるかが時々刻々と変化します。しかも、ルールを臨機応変に変更しながら実施されます。その様子は、まさに即興です。

たとえば、避難所に届けられた救援物資をなにから配布すればいいか、どのように整理しておくと使いやすいかといったことがらについて、その場で臨機応変にルールを定めるしかありません。そのルールも、つねに変化しつづける避難所の状況に応じて、変更されます。あらかじめすべてを計画することも、あらゆる場面に適合するルールを決めることも、災害救援の現場では不可能なのです。

だからといって、即興で行動することが、無秩序な行動では困ります。即興は、その場その場で思いついたことはなんでもする、というようなことではありません。救援活動においては、行政や企業、ボランティア団体等から多様な参加者があります。境界を横断して、多様な集団から参加しています。それぞれは、多種多様な技術・知識を、それまでに習得してきています。そういった知識・技術を身につけた参加者が、各々知識・技術を動員し、その場その場で被災者の要望に応えて協力することが、救援活動の現場ではもとめられています。

一方、避難所において、参加者たちは目のまえの活動をただこなしていくことで精一杯です。全体を見渡す余裕など、ありません。その結果、たとえばある避難所にばかり救援物資が集中してしまい、ほんとうにその物資を必要とする避難所には届けられないといったことも起きがちです。刻々と変わる全体の状況について、ほかの団体との情報交換や調整が必要になります。

ところが、そういった調整をする役割も、災害救援の現場では固定することができず、次々に交代して、役割の調整を遂行することになります。そもそもボランティアがメンバーですから、毎日同じ人が調整役を果たすことは無理なのです。くわえて、いずれボランティアは現場から去っていきますから、被災者自身がさまざまな救援活動を実行せざるをえなくなります。つまり、「被災者＝救援される人」という固定的な見方ではなく、ボランティアと被災者が協力して苦難を乗り越えていくという見方が必要なのです。であるとすれば、そのときその場にいる人々が話しあいながら、即興的に協力することが、やはり重要になってくると考えられます。

▽協力の仕組みの工夫

ここまで、小中学校の連携や災害現場での救援活動の例から、境界横断的・即興的協力の意義について、簡潔に紹介してきました。いずれのケースも、生徒や避難者という、協力の対象者を中心に据えた取り組みです。その対象者が抱える問題を解決するには、既存の集団の境界を越えたり横断したりして、一時的に協力する必要性があることを、考えさせるケースだと思います。

もちろん、集団が持続的な協力を必要としたのも、理由のあることでした。そもそも、その集団に属する人々が、集団が持続してくれることを望んでいます。たとえば、私の父は、高校卒業（一九五一年頃）後、いろんな職を転々としていましたが、「組織に属さないとダメだ」とあるとき思い至り、独学で電気技術の資格を取って、関西電気保安協会という（関西ではCMで有名な）会社に雇われ、定年まで勤めあげました。そういう私の父からすれば、会社の存続がなにより大切なことだったにちがいありません。家族のため、自分のため、会社が安泰であることを祈りながら、毎日職場の人たちと協力していたのではないかと思います。

自分や家族の身を守るために、集団や組織をつくり、そこに属することを責めることはできません。自分たちの弱々しさをキチンと自覚したうえでの、それは現実的な選択だと思います。それに、集団に所属したからこそできた経験、身につく知識や技術というものもあり、それが災害救援活動の場で即興的に役立てられていることは、先述したとおりです。

ただし、どうしても、集団内部の協力が優先されて、外部との協力は軽視されがちにはなるでしょう。しかも、そのような従来のあり方が、さまざまなかたちで、問題を含んでいることがあちこちで明らかになってきています。前出の「中一ギャップ」は、そういった問題のひとつです。集団の都合を優先することが、皮肉にも、集団自体の存在意義を危うくするおそれがあるのです。

学校に関していえば、明治時代に学校教育制度がつくられたときは、「富国強兵」「殖産興業」が目的でした。対象者のためというより、社会全体のための対策だったということです。しかし、「豊かな社会」になった現在、学校でなくても知識やスキルを身につけることは可能になり、いじめやそれによる自殺、不登校など、学校がなければ存在しなかった問題が起きるなか、学校の存在意義が問われつづけてきています。そうであるからこそ、たとえば小中学校連携のような境界横断的協力が試みられてきているのでした。

対象者の問題解決につながるよう、ソトとウチをわける境界をやや曖昧にして、対象者と一時的に協力できる仕組みをつくることが、結局は、集団の存在意義を確立し、メンバー同士の協力の持続可能性を高めるのではないでしょうか。

そのためには、集団外の対象者と一時的に協力する、集団内のメンバーを例外的存在にしないなど、さまざまな工夫が必要となるでしょう。境界を越えて、ソトのメンバーと協力する人には、通常、特有の困難がつきまといます。たとえば、集団の内部にも外部にも居場所がないような感覚です。そういった苦労をすこしでも軽くするような工夫をしなければ、越境的協力も「絵に描いた餅」か、かけ声にすぎなくなるでしょう。

対象者との越境的・一時的協力の意義については、最後の章でふたたび検討したいと思います。

第四章　一時的協力理論がひらく可能性

1　ほころびだらけでも大丈夫な社会

▽完全でなくてもいいんだ

さて、最終章である第四章では、ＰＣＴ（一時的協力理論）には、こんな意義があるのでは、と私が思うことがらをいくつか紹介したいと思います。

最初に提示したいのは、ＰＣＴと矛盾するような主張です。「協力に失敗しても、社会はなりたっている」という主張です。

「社会は一時的協力でなりたっている」というのが、ＰＣＴの基本的な主張でした。それと矛盾するのではないか？　と指摘されそうですね。

でも、「一時的」とは、かならず協力が得られるとはかぎらないこと、協力の不確かさを意味していました。また、一時的協力はノットワーキングとしても捉えられるのでした。協力という関係の糸を結んで結び目（ノット）をつくったり、ほどいたり、また結びなおしたりするのが、ノットワーキングです。そのときその場で、しかも私たちの想像をはるかに超えた無数の場で、ノットワーキングがおこなわれています。ただし、結び目がうまくつくれず、ほころびができている場も、きっとたくさんあるはずです。

協力という関係の糸で、社会という生地が編まれているとしても、それは継《つ》ぎ接《は》ぎだらけで、ところどころほころびもあります。それでも社会はなりたっているのです。そういう不完全性を肯定するところにも、ＰＣＴの意義はあると思っています。

▽適切な協力は難しい

そもそも、適切に協力することは、たとえ一時的であっても、けっこうむずかしいものです。あなたにも、身に覚えがありませんか。たとえば、あなたは自分ひとりでできるので、だれかに協力してほしいなどと思っていないときに、協力を申し出てくる人。「大きなお世話」といいたくなるケースですね。反対に、協力してほしいときには、だれも協力してくれなかったり。タイミングは、協力が適切になるかどうかをわける決めてのひとつです。

あなたが協力をもとめているときに、タイミングよく協力してくれる人がいたとしても、たとえば、こちらがもとめていることとはズレている協力を提供してくれる場合もあります。または、あまり効果のなさそうなアドバイスをもらったりする場合。協力をもとめたのはあなたですから、等価交換のルールにもとづいて、あなたはアドバイスをしてくれた相手に「ありがとう」と返礼のことばを口にしなければなりません。でも、こころのなかで「協力をもとめなければよかったな……」と後悔のことばをふとつぶやいてしまう。

あるいは、いただいたアドバイスは適切なのですが、相手のアドバイスの仕方が「上から目線」だったので、ちょっといやな気分になるとき。相互行為儀礼ルールや対等ルールに相手が反していると感じる場合です。または、「余計なお世話」と思えるほど、くどくどと懇切ていねいにアドバイスしてもらったとき。あなたはアドバイスにしたがうどころか、せっかく協力してくれた相手に反発を覚えたりもします。そんなあなたの様子に感づいた相手も、「協力してくれというから協力しただけなのに……」とか「その態度はなんだ⁉」などと、あなたの態度に気を悪くしたり憤慨したり。

すでに説明しましたが、あなたがだれかに協力をもとめることによって、あなたはその相手より一段下に位置づけられます。相手の協力に依存せざるをえない立場だからです。こういう微妙な力関係の優劣に関して、相手が鈍感な場合、「上から目線」になったり、「余計なお世話」をしたりしてしまいがちです。あるいは、相手は自分が一段高い立場にあることを利用（悪用？）して、自分の思い通りにあなたを動かそうとしているのかもしれません。こういう場合、相手は支配欲・権力欲を満たすチャンスだと、無意識のうちに思っている可能性もあります。

協力をもとめる人が、自分がなにをしてほしいか、自覚しているとはかぎりません。自分でもほんとうはなにをもとめているのか、よくわからないこともあります。自覚しているけれども、ことばではっきり表現するのがむずかしいケースもあるでしょう。たとえば、そんな協力をもとめたら、男らしくないといわれるのではないか、というような場合です。

いずれの場合であっても、あなたは、どういうことについて、どのように協力してほしいのか、相手に的確に伝えることができません。当然、相手が提供してくれる協力は、あなたがほんとうにもとめているものとは異なるものになりがちです。相手はあなたの願いを正確に理解できていないのですから、的確な協力ができなくてもあたりまえです。

協力する側も、たとえば、相手からもとめられている協力を提供する余裕も能力もないのに、つい安請け合いしてしまう、ということがあります。「相手は自分が一段下の立場になるにもかかわらず、協力をもとめてきたのだから、そのもとめに応えなければ」、と思うのは、相手の体面を守るという意味で、相互行為儀礼ルールに則《のっと》っています。また、協力をもとめるというアクションを相手が起こしたことに対して、こちらもそれに応じるという意味で、等価交換ルールに則っています。いずれにしても、ルールを逸脱してはいません。

けれども、協力をもとめた側にすれば、できないことはできないとはっきりいってもらった方がよかった、と思っても不思議ではないでしょう。協力するのにふさわしい相手に、最初から協力をもとめることもできたからです。要するに、二度手間にならずにすんだかもしれないということです。とはいえ、相手はこちらの協力要請に応えてくれたのですから、やはり返礼として感謝すべきです。だけど、一方で、「できないと最初からいってくれればよかったのに……」という思いや、「頼んで申し訳なかったなぁ……」というちょっとした自責の念をもつかもしれません。

▽ほとんどうまくいかない協力

適切に協力するのは、なかなかむずかしいですね。適切な協力が一時的にでも実現したとすれば、ラッキーです。

そうなのです。適切な一時的協力の実現は、奇跡ともいえるものです。だから、失敗していいのです。

この世界の無数の場で、人々は一時的協力をしています。でも、全部が全部うまくいっているわけではありません。むしろ、適切な協力の実現のむずかしさから推測すると、あちこちでけっこうみんな失敗しているのではないでしょうか。

そして、それでも、社会はなりたっています。

とすると、ＰＣＴの主張をつぎのように修正しなければなりません。ＰＣＴは最初、「社会は一時的協力によってなりたっている」と主張しました。でもそれは不正確であることがわかりました。「社会は、不完全な一時的協力によって、不完全なかたちでなりたっている」という主張の方が、より正確です。

そして、きっと社会は完成することなく、永遠に不完全なままなのです。

たとえば、人々のあいだで、価値観や文化、ルールを守る意識が完全に一致しなくても、一時的に協力する人がいるかぎり、社会はなりたちます。ことばの通じない外国人同士でも、一時的に協力することはできます。認知症のお年寄りとでも、協力可能です。認知症の程度にもよりますが、なかなか話が通じず、不完全な協力になってしまうかもしれません。でも、それでいいのだと思います。完全な意思疎通にもとづく協力関係でなければならないなんて考えていたら、イライラがつのるだけです。下手したら、虐待につながるおそれもあります。不完全でも一時的に協力してもらえる工夫をすることの方が、ずっと大切ではないでしょうか。

協力の仕方が下手な人もいれば、そのときは協力にたまたま失敗してしまったという人もいます。だから、相手の協力の仕方がまずかったとしても、それは一時的であって、ずっと協力ができない人だとか、協力する気のない人と決めつけず、次回を期待してみてはどうでしょう。あなたが協力に失敗したときも、それで懲りてしまわずに、次回も挑戦してはいかがでしょう。

そもそも協力を実行する一人ひとりの人間は、みな不完全です。不完全でも、だいたい問題なく協力できます。日常生活は、非日常的な災害救援の場とじつはあまり変わらず、みんな即興でなんとか協力しあってなりたっているのです。失敗する人が多くても、ほかの人がカバーしてくれたり、気にしないようにしてくれたりします。

ですから、社会を生きていくうえで「コミュニケーション能力」が必要だなんて、あまり深刻に考えなくてもいいのではないでしょうか。そんな能力の必要性を声高に叫ぶ人は、自分にはその能力があると思っているのでしょう。もしかしたら、それはうまくいかなかったことは忘れて、うまくいったことだけ覚えている、幸福な人なのかもしれません。

ただし、いつも失敗をカバーしてもらうことを当てにしていると、「子ども」あつかいされてしまいます。協力の姿勢を示さない態度も「子ども」っぽいと思われるでしょう。たとえば、電車のなかで、イヤホンをして好きな音楽を聴きながら、スマホでSNSを利用することに没頭している人。一時的に協力することで、電車内という場をすこしでも過ごしやすくしているほかの乗客からみて、そういう態度は、年格好に関係なく、「子ども」にしか思えません。最初から周囲と協力する気がないとしかみえないのですから、そう思われても仕方ないでしょう。

不完全さを肯定することと、不完全さに居直ることとは、違うのです。

2 協力しないことの意義

▽「いじめ」に協力してしまったとき

PCTのつぎの意義を検討しましょう。

くり返しになりますが、PCTは、人々が協力関係の結び目をつくり、それをほどいては、また結ぶ運動に着目します。ということは、結び目をほどく側面、協力を解消する側面にも重要性をみいだします。

たとえば、ひとりの生徒Aが、ある集団内で、いじめに協力してしまったとしましょう。そして、Aはそれを後悔しています。そのことを、いっしょにいじめをした他の生徒たちはうすうす感じとっています。「Aは、いじめに参加したことを後悔しているようだ。だから、きっとこのグループから抜けたいと思っているだろう」と。だからこそ、生徒Aを永続的に「いじめ仲間」にしようとすることでしょう。たとえば、いっしょにいじめをした事実をひんぱんに話題にして、「われわれは共犯だ、〝仲間〟なんだ」とAに仲間意識をもたせ、いじめ集団から容易には離脱させないようにするでしょう。

いっしょに悪いことをした過去を引きあいにだすことは、一時的協力の持続可能性を高める常套《じようとう》手段です。メールやLINEを使って、自分たちだけに通じる隠語的話題を、いじめ集団内部だけで流通させて、みえない境界を設定する方法もとるでしょう。さらに、いじめ集団から離れようとするAに対して、「裏切り者!」だとか「弱虫」などとAを非難したりするでしょう。このような方法をとられることで、いじめを後悔しているAは、この生徒たちとともに、いじめの協力をこれからもずっとしないといけないかのように思いこんで、苦しむかもしれません。

けれども、「あのとき一時的に協力しただけ」という意識があれば、「つぎは協力するのをやめる」という選択肢に思い至ることができるのではないでしょうか。あるいは、協力の持続可能性を高めるために、いじめ集団の他のメンバーたちが使うさまざまな手段を知り、「あいつらは、こういう手段を使って、私を〝仲間〟にしつづけようとしているのか」とわかれば、すこしは冷静になって、いじめ集団から離脱するチャンスもみつけられるかもしれません。また、いじめ集団との協力関係を解消するため、べつの集団の協力を一時的にでも借りることへも意識が向くのではないかと期待します。

協力は、どんな目的にも貢献します。差別的な集団、暴力的な集団も、メンバーの協力によってなりたっています。だからこそ、自分にとって不本意な協力をしてしまった場合には、協力をつづけないための手立てを考えることが大切です。協力の解消の側面を重要視するPCTは、その点にも意義をもつものと思われます。

▽友人関係をほどくこと

関係の結び目をほどく可能性をＰＣＴがもつことを、べつの例で検討しましょう。それは、セールスや勧誘などでよく使われる手法にひっかからず、自分の望まない結果や方向に至らないようにする可能性です。

だれかに契約させたいとか、だれかを集団に加入させたいなど、だれかになにかをさせたいとき、あなたならどんな手段を選ぶでしょう。すでにさまざまなところで使われている手段として、その「させたい」ことがらの方向へ一歩だけ、そのだれかに協力させるという方法があります。

たとえば、ＣとＤは学校の友人同士で、Ｃはある宗教の信者としましょう。そして、Ｄにも信者になってほしいと望んでいます。

Ｃは、あるとき、Ｄとおしゃべりしている最中、その宗教で教えられていることがらについて、その宗教の教えとはいわずに、話題にします。たとえば、「周囲に流されない、しっかりした自分をもつのが大切だよね」といった、世間でもよくいわれているよ

ハア？
まじで？
その手があったか!!
この間は、一時的に協力しちゃったけど
今日はいじめに協力しません
ということでよろしくね♡

うなことを、Dとの会話で話題にするのです。Dは、Cの話に合わせて（＝協力して）「たしかに、流されない自分をつくりたいよね」などと答えてしまいます。

後日、Cはふたたび「流されない自分の大切さ」を話題にし、Dは「私もまわりに流されない、強い人間になりたいなあ」などと、またまたCに合わせて、つい口にしてしまいます。

するとCは、「しっかりした自分になるための、とってもいい話が聞けるから、いっしょに会合に出ない？」などといって、Dを誘います。

Dは「めんどくさいなあ」「そんな会合になんか、参加したくないなあ」と、こころのなかでつぶやきます。でも、「流されない強い自分」をつくりたいとCに何度かいってしまったし、「強い人間」になりたいという気持ちがまったくないわけでもないので、断るのに躊躇《ちゅうちょ》します。それに、Cを友人だと思っていますから、今後のつきあいのことも考えて、「一回ぐらいなら参加してもいいか」と会合に出席します。

会合では「強い自分の大切さ」の話だけでなく、その宗教の世界観・価値観、信者の体験談など、さまざまなテーマの話をDは聞かされます。Dはちょっとウンザリしてきました。

会合終了後、CはDに、次回も会合に参加してくれるよう、説得します。Dは、「いやだな」という思いがあるのに、なかなか断れなくなっています。

Cとのつきあいはやめたくないし、とはいえ、宗教の会合に参加するのはいやだな、だけど、「流されない人になりたい」なんていっちゃったしなぁ、「あれは、ウソだったの？」と、嘘つきのように思われるのも、なんだかいやだし……どうしよう……と苦しみ始めます。

入信するか、Cとのつきあいを（やめたくないけど）やめるしかない、という状況に自分が陥っているように思い、Dは悲しくなります。

さて、ここまでの話で、Cのとった行動をふりかえっておきます。CはDにも自分の属する宗教集団に加入してほしいと思っていました。では、いきなり「入ってよ」と勧誘すればいいのでしょうか。それでうまくいく場合もあるでしょう。しかし、一般的に、宗教集団への加入に誘われたら、相手は断るだろうと予想されます。越えなくてはならないハードルが高いからです。

けれども、「流されない自分が大切」という意見に建前でもいいから賛同させるのは、比較的容易なことです。それほどハードルは高くありません。Ｃにとっては、この簡単な「一歩」をＤに踏みださせることが重要なのです。高いハードルを一気に越えさせるのではなく、低いハードルを何回か越えさせて、最終的にゴールできればいいわけです。

ある意味、ＣはＰＣＴを応用しているのです。一時的に協力させることを、ある目的に向かって一歩一歩歩かせることで、最終目的地に到達させようとしているわけです。

仮に、Ｃに悪意はなかったとしましょう。単純に、自分と一番仲のよいＤとも、自分の信じていることを共有したいだけだった、とします。それでもＤは苦しんでいます。Ｃとのつきあいをやめるか、この宗教に不本意ながら加入するか、選択肢は二つしかないように思って、悩んでいます。

しかし、ＤがＰＣＴを知っていたら、つまり、「会合に参加することになってしまったのは、一時的に協力していただけ」、とＤが考えることができたとしたら、どうでしょう。「何度も参加してしまったし、いまさら行かないわけには……」と苦しまず、「あれは、あのとき、一時的に協力して相手に話を合わせただけで、だからといって、ずっと行かないといけないわけではない」と考えることができるかもしれません。

しかも、Cとの間で「私は入信もしないし、会合にも行かないけれど、あなたとは今後もつきあいたいんだけど……」などと話しあう可能性も残されています。

もちろん、Cは、入信しようとしないDとのつきあいをやめるかもしれません。Dも、Cの期待に応えられなかった罪悪感、あるいは、Cとつきあいつづけることで受ける、入信へのプレッシャーを感じて、Cとつきあわなくなるかもしれません。理由はどうあれ、CとDの関係が解消される可能性は高いでしょう。でも、それは仕方のないことなのだと思います。

ただ、この例でもうかがえるように、組織や集団は、すでにPCTを応用しています。PCTは、よい目的にも、よくない目的にも、応用可能です。だからこそ、PCTを知ることで、自分にとって本意ではない方向に、集団がむかっているとき、あるいはその集団と自分が合わないと感じるときには、協力しないという選択肢があることを思い出すのは大切です。そしてじっさいに協力しないという選択をすることで、あるいは協力の仕方を修正することで、自分が望んでいなかった状態に陥ることを避ける可能性がでてくると思われます。

▽親子関係を離れる意義

もうひとつ、離脱の意義について論じたいと思います。それは、親子関係における離脱です。

「親子関係における離脱？　親子って、一生つづく関係じゃないの？」と、あなたは疑問に思うかもしれません。

でも、ＰＣＴからすると、親子関係も一時的協力からなり、その協力関係でもっとも重要なことがらのひとつが、離脱なのです。というのも、子はいつか、親との関係を離れなければならないからです。

もちろん、親子の関係は、一生のあいだつづきます。第一章でも論じましたが、血縁関係にある本人たちが、どんなに関係を断ち切ろうとしても、社会的にそれは許してもらえません。そのことは、たとえば、子が凶悪犯罪の容疑者として逮捕されると、親がテレビカメラのまえに引きずりだされ、謝罪会見などをしなければならないことからも、理解してもらえるでしょう。法律上も、さまざまな権利や義務が、本人たちの意思とは関係なく、親子にはつきまといます。

それに、子がまだ小さいときは、親に全面的に依存せざるをえません。子に対する親の協力が一時的では、子は生きられません。集団も社会も人類も、生き残ることはないでしょう。ですから、子に対する親の協力、すなわち子育てが持続可能になるよう、さまざまな工夫がなされてきました。最近の事例だと、たとえば「子育ては、親育て」といったキャッチフレーズがあげられるでしょう。子を育てることは、親である自分も成長することにつながるんだよ、というふうに、親の自己実現欲求に訴えることで、育児の持続可能性を高めようというわけです。

子の側も、親に協力しています。本人にそのつもりはないでしょうが、子の笑顔に親はどれぐらい救われていることでしょう。おむつの交換でもなんでもいいのですが、子のためになにかしてやって、子がニッコリほほえみ、うれしそうな声をあげてくれると、この子のためならどんな苦労をしてもいい、といった感情が湧いてくるのではないでしょうか。そういう意味で、子も親に協力しています。とはいえ、子はきまぐれですから、いつも笑顔をみせてくれるわけではありません。むしろ、ぐずっていることの方が多いぐらいです。親に対する子の協力は、きわめて不確かということです。だから、親が努力して子に協力しなければなりません。

このように、親子の協力関係は、かなり持続可能性を高められています。ウチとソトをわける境界があたりまえとみなされ、ウチにある親子のつながりは、かなり強くなっています。にもかかわらず、いや、だからこそ、ＰＣＴは、親子関係における離脱の側面を重視します。その理由は、親はいつまでも生きているわけではないからです。可能性として、親がすぐ亡くなったりすることは考えにくいことです。けれども、可能性がゼロではありません。もし親がいなくなったとしたら、子はどうしたらいいでしょう。むろん、親の死後も、社会のなかで生きていかざるをえません。

それを考えると、親がいなくなっても社会で生きていける人間、ソトの人と一時的協力ができる人間に子を育てることが、子に対する親の協力にとって、もっとも大切な目標だと考えられます。

ですから、この場合の離脱は、関係の解消というよりも、いわゆる「親離れ」の意味に近いといえます。たとえ子が成人になるまで親が生きていたとしても、やはり可能性としては親の方が子よりもさきに死ぬでしょうから、この「親が死んだあとでも、なんとか生きていけるような人に育てる」という目標を、子がまだ小さいころから目指すべきなのではないでしょうか。

▽子を支える対等ルール

先祖代々受け継いできた商売や事業を子や孫にも継承させていく必要のある、一部の人々は例外かもしれませんが、親からの自立が、子には社会的に期待されています。親からの自立とは、だれの助けも借りずに生きることではありません。PCTからすれば、他者と一時的な協力をし、必要なときには、一時的協力を他者にもとめながら生きることこそ、親からの自立だと思います。子にもそれができるように、親は、他者と一時的協力をする姿を、子にみせる機会が必要になるでしょう。

また、子が全面的に親に依存することから親子関係がはじまりますので、ついつい親は子を、自分の思いどおりにコントロールしがちになります。そのうえ、子にとってなにがいいかを、親が先回りして、すべて決めてしまうということも起きがちです。こういうことが長年つづくと、親がいなくなったあと、自分でさまざまなことがらを決め、選んでいかなくてはならないのに、そういう習慣が身についていないため、子が困ることになります。その意味でも、親からの離脱を念頭において、子育てすることが大切なように思います。

ただし、離脱が大切だからこそ、対等ルールの尊重が、親と子の双方にとって重要になってきます。ここでは親の立場についてのみ論じますと、この子は自分の子であるという理由のみによって、子の絶対的価値を認める。そういうことが親には必要です。というのも、親がいなくなったあと子が生きていかなければならない社会は、相対的な価値にもとづいているからです。

子は社会の相対的な価値基準で、いろんな評価を受けます。スポーツや勉強、仕事などの業績、見た目や性格などなどについて、だれの方がどれぐらい優れているか、ランキング形式で、社会は人を評価します。子は、この価値基準にさらされながら、生きていくことになります。ですから、子が、この価値基準でできるだけ高い評価を受けることのできる人になれるよう、親は子育てします。

このとき、親は社会的な価値基準を絶対視しがちです。それ以外に価値基準がないかのような錯覚に陥り、社会の「目」でしか、子をみないようになってしまうのです。そして、子が社会的に低く評価される場合、子に対して、冷たく接してしまいます。まるで、価値がない人間であるかのように、です。それでは、子は、身の置きどころを失ってしまうでしょう。

そもそも社会の評価は相対的ですから、あるときは、すごく価値があるかのように評価してくれたとしても、いつも高く評価してくれるとはかぎりません。つまり、社会的評価も不確かなのです。

一方、子は親にとって、かけがえのない価値をもった存在です。自分の子であるという理由だけで、子は親にとって、絶対的な価値があるのです。それを表現するには、「あなたも私も、かけがえのない価値をもつ、対等な人間」という態度で接すること、つまり対等ルールにしたがうことが必要になります。このような態度で接してもらった経験が、子にとっては、相対的な価値基準でしか評価しない社会のなかで生きていく支えになるのです。いずれ親はいなくなり、しかしその後も子は生きていかなければならないからこそ、この支えは大切になってきます。

ちなみに、対等ルールにしたがうことが大切なのですから、子も対等ルールを守らなければなりません。ですから、たとえば、子が親を軽んじる態度をみせたときには、それを放っておいてはいけません。親を見下す子に対し、親は真剣な態度で叱るなどして、子に反省させるべきでしょう。

親子関係において、親は、子との離脱を念頭におきながら、子が成長する協力をし、そのためにも対等ルールを忘れてはいけないのではないか。それが子に対する親の協力のなかで、もっとも大切な協力ではないか。ＰＣＴからは、このような離脱の意義が導きだされると思います。

3　集団の存在意義を獲得する

▽集団内の協力が続かない理由

前章では、集団が一時的協力の持続可能性を高める方法について検討しました。その際、従来からある方法の限界についても指摘しました。

従来の方法は、集団の境界をいかに維持しつづけるかがポイントでした。しかし、学校と児童・生徒などとの関係に象徴されるように、集団の外部にいて、しかもさまざまな集団を横断する対象者に協力することが、その集団の存在意義である場合、境界設定という方法は、有効性や意義が問われてきているのでした。

また、容易に大量の情報を処理できる情報技術の普及によって、集団内部に関する情報が、境界をやすやすと越えていく状況が定着しています。たとえば、スマホなどの普及によって、内部告発情報や「悪ふざけ投稿」などが、外部にかんたんに流れていきます。

企業組織に関しては、いわゆる「雇用流動化」で、正社員、派遣社員、契約社員、パートやアルバイトの人たちが、同じ職場で協力して業務にあたっています。職場の境界は、すでにあいまいになっています。いろんなところから、いろんな人がやってきて、一時的に協力してくれることで、はじめて職場がなりたっているのです。

離職率や人手不足の問題もあります。とくにサービス業においては、従業員をいかに職場に定着させるかが、経営者たちを悩ませています。それは、協力の持続可能性を高める方法を考えることに他なりません。

第一章で主張したように、社会は多縁化しています。しかも、境界横断的に就労する人々が増えています。たとえ他集団とのあいだに境界を設定し、競争を煽《あお》っても、この方法は以前ほどには効果を発揮しないのではないでしょうか。かつてのように、ひとつの集団に忠誠を尽くす状況ではないからです。

これまで、いったん集団のメンバーになったなら、そのメンバーのケアをしなくてもいい、というような考え方がありました。いまだにあるようにも思います。「釣った魚にえさはやらない」式の考え方です。しかし、そういった考え方は、協力の持続可能性を高めるためには、もう通用しないように思うのです。

▽協力する意味の必要性

一時的協力の持続可能性を高めることは、従来の方法では困難になってきています。

それでも集団のリーダーは、一時的協力をなんとか持続可能なものにしなければなりません。そのための新たな方法として、どのようなものが考えられるでしょう。

もちろん、それぞれの集団には個別の事情がありますから、唯一の答えなどありません。企業であれば、単純に、給料を増やす、労働時間を短くする、休日を増やすなどの条件を改善すれば、協力の持続可能性が高められるのかもしれません。しかし、一部の大企業は別として、こういった条件の改善は、かなり実現がむずかしいでしょう。企業間のグローバルな競争は激しくなり、賃金の安い外国人労働者の争奪戦が繰り広げられていると、メディアで伝えられています。

ＰＣＴの立場からすれば、リーダーには、集団の存在意義や協力の意味をメンバーに日々感じさせることが、協力の持続可能性を高めるための必須条件になると思われます。この条件をクリアするには、集団の対象者との一時的協力がポイントになるでしょう。

先述のように、ひとつの集団に忠誠を尽くさなければならないような状況は、もう存在しません。このような状況は、集団のメンバーに対して、今日も自分がその集団に協力する理由は何なのか、それは自分にとって大切な理由なのか、などについて自問自答させる効果を発揮しています。自問自答の結果、理由がみつからなければ、協力関係から離脱する方向に考えはじめる人もいるでしょう。

ＰＣＴは、それでいいという立場です。集団に協力する理由や離脱の可能性などを考えないようにすると、うつになったり、自殺したくなったりするのではないでしょうか。集団のリーダーは、もし離脱してほしくないならば、一時的協力をなんとか持続可能にするため、協力の意義・意味をメンバーに納得させなければなりません。従来のように、メンバー同士の協力から感じられる意義・意味も、もちろん効果的です。でも、それは、つい境界設定や競争の方向にむかうことになると思います。そして、集団の都合が優先され、境界をがっちり維持することが自己目的化します。その結果、いったいなんのために集団が存在するのか、意味が感じられなくなり、協力の持続可能性も低下するのではないか、というのがＰＣＴの主張でした。

▽協力の相手から意味をもらう

集団での協力に意味を与えるのは、集団の外部にいる対象者との一時的協力関係ではないか。そのように考える理由は、前章で紹介した災害救援における即興的協力や、小中学校連携の事例がヒントになっています。

集団の外部にいる対象者とは、災害救援活動の場合は被災者、小中学校連携の場合は小中学生です。病院であれば患者、福祉施設であれば高齢者や障害者、サービス業では客が対象者となるでしょう。

災害救援活動に携わるボランティア組織は、対象者である被災者にとって意味のある貢献をしなければ、存在意義はありません。とはいえ、前章でも検討したように、ボランティアと被災者の関係は、ボランティア＝協力の提供者／被災者＝協力の受け手というふうに固定されてはいません。災害発生直後は被災者の側は、協力してもらうばかりかもしれないのですが、状況が落ち着いてくるにつれ、被災者は、ボランティアと協力しながら、自分たちの生活を再建する必要があります。いずれボランティアは、それぞれの本来の仕事に戻っていきます。災害の現場で今後も生活していくのは、被災者なのです。それが実現できるよう、ボランティアは被災者に協力します。

被災者が立ち直ろうとしていることにすこしでもかかわることができたという実感が、

ボランティアに意味を感じさせます。対象者と一時的に協力し、対象者が意味を感じてくれたのをみると、協力した側も意味を感じることができるということです。

このとき、協力する側が、自分たちの都合を優先すれば、おそらく意味のある協力はできないでしょう。もちろん、ボランティア組織ができることには限界がありますから、協力する側の都合は無視できません。その意味では、自分たちの都合と被災者の都合をすりあわせながら、被災者と協力することになります。

学校教育でも、医療でも、接客業でも同じではないでしょうか。けっきょく、対象者との協力をとおして、対象者のよろこぶ顔をみたり、対象者から感謝のことばをもらったりすることが、集団のメンバーとしての存在意義を実感させてくれるのです。そのためには、境界設定、競争、集団内部でのアイデンティティの承認だけでなく、境界の維持の仕方をゆるやかにして、対象者との一時的協力のチャンスをいかにつくるかがポイントとなるでしょう。

▽聞き書きによる一時的協力

『驚きの介護民俗学』（医学書院、二〇一二年）の著者、六車《むぐるま》由実さんの「聞き書き」も、対象者から意味をもらう試みのひとつだと私はみなしています。

大学で民俗学を教育・研究していた六車さんは、ある事情があって老人ホームで介護職員として働くことになります。この仕事をはじめてから二ヶ月ほどたったころ、ある利用者の男性が、「こんな年寄りになって、ただ生きているのは地獄同然だ」とつぶやいたそうです。

六車さんは「そんなことないですよ。いつも私たちにいろいろなことを教えてくれるじゃないですか、昔の生活のことをお聞きして、私たちは勉強させていただいているんですよ」と応えますが、男性のこころには響かないようです。

本書第二章で検討したように、私たちは相互行為儀礼・等価交換・均衡・対等といった社会的ルールに則って、おたがいに協力しあいながら生活しています。一方だけが他方のお世話になりっぱなし、一方がずっと協力を提供して他方がそれを受けとるだけ、という固定化した非対称的関係は、赤ちゃんと保護者の関係のような場合を除いて、例外的です。均衡ルールを逸脱しつづける関係になっているのです。社会的ルールは、そういう固定的な非対称的関係は望ましくないもの、避けるべきものと教えてくれます。

この利用者の男性も、長年にわたって、これらの社会的ルールにしたがいながら生きてきたでしょう。だからこそ、家族や介護職員の世話になるばかりで、自分からは相手になにもしてあげられることがない、と感じさせられる状況が「地獄同然」であっても、不思議はありません。

そういう思いをすこしでも軽くしたいと思案していた六車さんは、お年寄りから聞き書きをすることにします。介護民俗学の開始です。日本各地に住むお年寄りから昔の生活について聞き取りをおこなってきた民俗学者の六車さんにとって、聞き書きは慣れ親しんだ方法です。

それまで、だれも自分の話になど耳を傾けてくれる人がいなかったのですから、熱心に自分の話を聞き書きする六車さんに対し、お年寄りは、最初のうちはとまどいます。でも慣れてくると、どんどん話をしてくれます。そして、表情も次第に変わってきます。「地獄同然」とつぶやいていた人とは思えないほどです。

六車さんの方も、楽しくて仕方ない様子です。とにかくお年寄りたちの話は、本で勉強したことのないような事実や経験にあふれています。話があいまいであれば質問し、またお年寄りは懇切ていねいに説明してくれますので、六車さんとお年寄りのやりとりは時間がどれほどあっても足らないぐらいです。
そのような聞き書きの経験から、六車さんはつぎのように語ります。

介護の現場での聞き書きは、心身機能が低下し常に死を身近に感じている利用者にとって、一時的ではあるが、弱っていく自分を忘れられて職員との関係が逆転する、そんな関係の場であると。……そこでは利用者は、聞き手に知らない世界を教えてくれる師となる。日常的な介護の場面では常に介護される側、助けられる側、という受動的で劣位な「される側」にいる利用者が、ここでは話してあげる側、教えてあげる側という能動的で優位な「してあげる側」になる。その関係は、聞き書きが終了し日常生活に戻れば解消されてしまう一時的なものではあるが、そうした介護者との関係のダイナミズムはターミナル期を迎えた高齢者の生活をより豊かにするきっかけとなるのではないか。

ここでは、聞き書きという一時的協力によって、均衡ルールや対等ルールにもとづく関係、介護を必要としなかったときの関係が、取り戻されています。大学や民俗学というアカデミズムの世界から介護の世界へ、境界を越えてやってきた六車さんだからこそ、聞き書きという一時的協力のあり方を可能にしたのだろうと思います。福祉の世界だけで生きてきた人には、なかなか思いつきもしなければ、実践も困難でしょう。

お年寄りたちから話を聞かせてもらう六車さんも、介護の仕事をする意義が実感できる。お年寄りも、六車さんと対等な、ひとりの価値ある人間としての誇りを取り戻すことができる。越境的で一時的な協力がこうしたことを可能にしたのだと思います。たとえ聞き書きでなくても、対象者（利用者）から福祉施設の存在意義をあたえてもらう方法はいくらでもあるのではないでしょうか。

介護施設を利用しているお年寄りのすべてが「地獄同然」の思いをしているとはかぎりません。しかし、もし、すくなくない数のお年寄りが、同じ思いをしているのだとすれば、これまでの施設組織のあり方を問い直さざるをえないでしょう。

そして、そのヒントは、福祉の境界の外部からも、もたらされうるのです。そのことを、介護民俗学という聞き書きの実践が、教えてくれているのではないでしょうか。

▽一時的協力による共創

共創《きょうそう》（co-creation）ということばが、サービスのあり方を考える人々のあいだで使われています。経営人類学という手法で、国際線客室乗務員のサービスのあり方を研究している八巻《やまき》恵子さんによると、サービス提供者とサービスの受け手が積極的にかかわりあい、サービスの場と時間、空間を価値あるものとして、ともに創りだすことが、共創だそうです（八巻恵子『国際線客室乗務員の仕事』東方出版、二〇一三年）。

八巻さんは、サービスを即興劇にたとえることができるともいいます。たとえば、客室乗務員は、個別の客の要求を察して対応しなければなりません。そのためには、客に積極的にかかわって、客がなにを望んでいるかを知る必要があります。しかも、要望の伝え方も客によって異なりますから、予測していないことがつねに起きます。それゆえ、臨機応変に、即興的に対応しなければなりません。日頃の訓練によっても、それはかなりむずかしい業務です。

一方、客の方も、自分がなにをどのようにしてほしいか、かならずしもはっきり自覚しているわけではありません。だからこそ、客室乗務員とのやりとりに積極的にかかわって、自分の要望を明確にしてこそ、価値のあるサービスが受けとれるのです。そう八巻さんは説明しています。

PCTの立場からしても、この共創という考え方は重要です。対象者の側からのかかわりが、一時的協力の価値をつくりだすための、必須条件でもあるからです。共創が実現した瞬間は、対象者が満足を実感する瞬間です。その満足のよろこびを、なんらかのかたちで、対象者は表現するでしょう。それが、集団の境界を越えて協力する人にも伝われば、協力の意味を実感できます。ひいては、そのことが、さらに対象者に協力しようという意欲を高めるでしょう。つまり、対象者は、より質のよい一時的協力（＝サービス）が得られるということです。

現在、日本においては、「お客様」社会化が進行中だと、私は考えています（拙著『日本はなぜ諍いの多い国になったのか』中公新書ラクレ、二〇〇五年、『「お客様」がやかましい』ちくまプリマー新書、二〇一〇年）。過剰に丁重な接客を受けてきた多くの日本人が、自分のことを「お客様は神様」であるかのように考え、とくにサービスを利用するときには、自分から積極的にかかわる必要などないかのようにふるまうようになってきています。客である自分が、サービスの利用に対して主体的にかかわることは、「損」であるかのように考えています。

しかし、ＰＣＴや共創の考えからすれば、「お客様」社会化は、けっきょく客にとって損です。共創の価値を享受するチャンスを、自ら手放しているからです。ほんとうに価値のあるサービスを受けとるために、対象者・サービス利用者も、一時的に協力するぐらいのことをしてもいいのではないか。そう私は思います。

さて、不完全性の肯定、離脱の可能性、集団外の対象者との一時的協力が集団の存在意義を与えてくれることなどのテーマをとおして、ＰＣＴの意義を考えてきました。どのテーマも、一時的協力やノットワーキングの大切さを示していると思います。もっとも大切なのは、不完全性を肯定し、さまざまなかたちで一時的協力していくことでしょう。それが、社会にいのちを吹き込むのではないでしょうか。そういう意味で、社会はいつも建築中（under construction）なのです。

おわりに

社会学は、おもしろい学問です。社会学は、社会を対象にする学問です。ということは、「社会とはなにか」が、はっきりしているはずだと思いませんか。

でも、「社会とはなにか」という問いに対する決定的な解答を、社会学はまだ出せていません。社会がなにかわかっていないのに、社会を研究する学問が存在する。奇妙なことですね。

でも、そこが社会学のおもしろいところです。すくなくとも、社会学をしている人々は、そう感じているでしょう。社会学者というのは、よほど変わった人々です。

とはいえ、社会はこうなっているのではないか、という仮説はたくさんあります。どの仮説も、ことばでもって、社会の姿をなんとかつかまえようと工夫した成果です。そもそも社会は目にみえませんし、しかも動くことをやめません。そういう意味では、生命というのを捉えようとする営みと同じようなものなのでしょう。

本書は、一時的協力ということばを使って、目にみえない社会の動きをすこしでも浮き彫りにしようとする試みです。きっかけは、きわめて個人的な理由にあります。

私は今年二〇一四（平成二六）年四月に、勤務先が、皇學館《こうがっかん》大学（三重県伊勢市）から追手門《おうてもん》学院大学（大阪府茨木市）へ変わりました。所属学部も、文学部コミュニケーション学科だったのが、社会学部になりました。私は社会学部出身ですから、古巣に戻った感じです。

ただ、皇學館大学時代の最後の数年は、授業でも社会学関係の科目を担当しなくなっていました。また、哲学に関心が移り、伊勢市内で毎月一回哲学カフェを開く運営をしたりして、社会学から距離ができていたのです。

異動が決まってからは、授業の準備のためにも、あらためて社会学を勉強しはじめました。しかも、異動先では「境界性の社会学」という科目を担当することになったのです。境界ということに関連するものなら、どんなことを話してもいいという説明を受けましたが、私にはなにを話せばいいのやら見当がつきませんでしたから、使えそうなネタ集めに努めました。

そんな勉強をつづけるなか、四月になって授業もはじまり、慣れない環境になんとか適応しようと悪戦苦闘していたあるとき、「新入生演習」という授業で、なぜか口から「社会って、一時的協力で、できてるねんで～」という文句がでたのです。授業後、そんなことを口走った自分が不思議でした。でも、どういうわけか、「これはいけるのでは？」とだんだん思いはじめていたのです。つまり、社会学を勉強する学部生たちに、「社会はこんなふうになりたっている」と説明するには、一時的協力という点に目をつけるのがいいのではないか、というアイデアが膨らんできたのです。

ひとまず、どこまで、どんなことがらについて、一時的協力のアイデアで統一的な理解が促進できそうか、ノートづくりをしていたところ、「本にしたい」という悪い虫が騒ぎだしました。筑摩書房プリマー新書編集部の吉澤麻衣子さんに企画を相談しまして、なんとかOKをいただき、こうして出版にいたったわけです。ここに記して感謝いたします。

社会学の再勉強の際に、偶然出会ったのが、アクター・ネットワーク理論（ANT）です。すこしまえに、ちょっと流行った理論らしいのですが、私はだいたいブームが去ってから関心をもつことが多く、しばらくＡＮＴ関連の文献を読んでいました。並行して、本文で紹介したエンゲストロームらの活動理論や、社会学者ショウヴらのプラクティス理論もすこしだけかじりました。本文で明記しているわけではありませんが、本書は、これら三つの理論から得た視点やアイデアをベースにしています。

本書を読んでくださった社会学者からは、社会関係資本やネットワークの概念が登場しないことに疑問が出されるかもしれません。しかし、私にはこれらの概念は静態的で固定的な感じがするので、一時的協力やノットワーキングの方が現実を捉えるのにふさわしいと考えています。

文献をいくつか紹介しておきますと、ＡＮＴについては、残念ながら日本語で読めるものを私は知りません。私が読んだのは、B.Latour, *Reassembling the Social* (Oxford Univ. Press, 2005) です。活動理論については、山住勝広／ユーリア・エンゲストローム編『ノットワーキング』（新曜社、二〇〇八年）とユーリア・エンゲストローム『ノットワークする活動理論』（新曜社、二〇一三年）を紹介しておきます。プラクティス理論については、適当な邦文献が私には不明ですので、私が読んだE.Shove, M.Panzar &

M.Watson, *The Dynamics of Social Practice* (SAGE, 2012) を紹介しておきます。

また、相互行為としての協力については、E・H・シャイン『人を助けるとはどういうことか』(英治出版、二〇〇九年)がわかりやすく説明してあり、参考にさせてもらいました。

人々があるときある場でだれかと協力し、また別のあるときある場で違う相手と違う仕方で協力したり、協力に失敗したりするということが、あちこちでくり返されています。それは、社会がつねに未完成で、建築中(under construction)の状態であることをも意味します。そのダイナミズムがすこしでも伝えられれば、読者と社会学に対して、私なりのささやかな協力ができたかな、と思います。

二〇一四年八月一七日　森真一

追記・こちらのむずかしい注文にもかかわらず、的確でかわいいイラストを描いてくださった斎藤ひろこさん、ありがとうございました。

ちくまプリマー新書

136
高校生からのゲーム理論
松井彰彦

ゲーム理論とは人と人とのつながりに根ざした学問である——環境問題、いじめ、三国志など多様なテーマからその本質に迫る、ゲーム理論的に考えるための入門書。

192
ソーシャルワーカーという仕事
宮本節子

ソーシャルワーカーってなにをしているの？　70年代から第一線で活躍してきたパイオニアが、自らの経験を迫力いっぱいで語り「人を助ける仕事」の醍醐味を伝授。

196
「働く」ために必要なこと
——就労不安定にならないために
品川裕香

就職してもすぐ辞める。次が見つからない。どうしたらいいかわからない。……安定して仕事をし続けるために必要なことは何か。現場からのアドバイス。

198
僕らが世界に出る理由
石井光太

未知なる世界へ一歩踏み出す！　そんな勇気を与えるために、悩める若者の様々な疑問に答えます。いま、ここから、なにかをはじめたい人へ向けた一冊。

185
地域を豊かにする働き方
——被災地復興から見えてきたこと
関満博

大量生産・大量消費・大量廃棄で疲弊した地域社会に、私たちは新しいモデルを作り出せるのか。地域産業の発展に身を捧げ、被災地の現場を渡り歩いた著者が語る。

ちくまプリマー新書

002 先生はえらい　内田樹
「先生はえらい」のです。たとえ何ひとつ教えてくれなくても。「えらい」と思いさえすれば学びの道はひらかれる。——だれもが幸福になれる、常識やぶりの教育論。

028 「ビミョーな未来」をどう生きるか　藤原和博
「万人にとっての正解」がない時代になった。勉強は、仕事は、何のためにするのだろう。未来を豊かにイメージするために、今日から実践したい生き方の極意。

072 新しい道徳　藤原和博
情報化し、多様化した現代社会には、道徳を感情的に押しつけることは不可能だ。バラバラに生きる個人を支えるために必要な「理性的な道徳観」を大胆に提案する！

099 なぜ「大学は出ておきなさい」と言われるのか——キャリアにつながる学び方　浦坂純子
将来のキャリアを意識した受験勉強の仕方、大学の選び方、学び方とは？　就活を有利にするのは留学でも資格でもない！　データから読み解く「大学で何を学ぶか」。

134 教育幻想——クールティーチャー宣言　菅野仁
学校は「立派な人」ではなく「社会に適応できる人」を育てる場。理想も現実もこと教育となると極端に考えがち。問題を「分けて」考え、「よりマシな」道筋を探る。

ちくまプリマー新書

197
キャリア教育のウソ
児美川孝一郎

この十年余りで急速に広まったキャリア教育。でも、正社員になれればＯＫ？　やりたいこと至上主義のワナとは？　振り回されずに自らの進路を描く方法、教えます。

113
中学生からの哲学「超」入門
——自分の意志を持つということ
竹田青嗣

自分とは何か。なぜ宗教は生まれたのか。なぜ人を殺してはいけないのか。満たされない気持ちの正体は何なのか……。読めば聡明になる、悩みや疑問への哲学的考え方。

148
ニーチェはこう考えた
石川輝吉

熱くてグサリとくる言葉の人、ニーチェ。だが、もともとは、うじうじくよくよ悩むひ弱な青年だった。現実の「どうしようもなさ」と格闘するニーチェ像がいま甦る。

043
「ゆっくり」でいいんだよ
辻信一

知ってる？　ナマケモノが笑顔のワケ。食べ物を本当においしく食べる方法。デコボコ地面が子どもを元気にするヒミツ。「楽しい」のヒント満載のスローライフ入門。

090
食べるって何？
——食育の原点
原田信男

ヒトは生命をつなぐために「食」を獲得してきた。それは文化を生み、社会を発展させ、人間らしい生き方を創る根本となった。人間性の原点である食について考え直す。

ちくまプリマー新書

047
おしえて！　ニュースの疑問点
池上彰
ニュースに思う「なぜ？」「どうして？」に答えます。今起きていることにどんな意味があるかを知り、自分で考えることが大事。大人も子供もナットク！の基礎講座。

064
民主主義という不思議な仕組み
佐々木毅
誰もがあたりまえだと思っている民主主義。それは、本当にいいものなのだろうか？　この制度の成立過程を振り返りながら、私たちと政治との関係について考える。

204
池上彰の憲法入門
池上彰
改正したら、日本の未来はどうなるの？　憲法はとても大事なものだから、しっかり考える必要がある。今こそ知っておくべきギモン点に池上さんがお答えします！

020
〈いい子〉じゃなきゃいけないの？
香山リカ
あなたは〈いい子〉の仮面をかぶっていませんか？　時にはダメな自分を見せたっていい。素顔のあなたのほうがずっと素敵。自分をもっと好きになるための一冊。

040
思春期のこころ
大渕憲一
質的に変化している少年の問題。過干渉や過剰反応が禁物の場合もあれば、大人が適切に介入すべき場合もある。ゆれる心の根本を知るための、親も子も読める入門書。

ちくまプリマー新書

135
大人はウザい！
山脇由貴子
すれ違う子どもの「気持ち」と大人の「思い」。願望、落胆、怒り、悲しみなど、〝ウザい〟という言葉に込められたメッセージを読み取り、歩み寄ってみませんか？

156
女子校育ち
辛酸なめ子
女子100％の濃密ワールドの洗礼を受けた彼女たちは、卒業後も独特のオーラを発し続ける。文化祭や同窓会潜入も交え、知られざる生態が明らかに。ＬＯＶＥ女子校！

188
女子のキャリア
——〈男社会〉のしくみ、教えます
海老原嗣生
女性が働きやすい会社かどう見極める？　長く働き続けるためにどう立ち回ればいい？　知って欲しい企業の現実と、今後の見通しを「雇用のカリスマ」が伝授する。

189
ぼくらの中の発達障害
青木省三
自閉症、アスペルガー症候群……発達障害とはどんなもの？　原因や特徴、対処法などを理解すれば、障害を持つ人も持たない人も多様に生きられる世界が開けてくる。

207
好きなのにはワケがある
——宮崎アニメと思春期のこころ
岩宮恵子
宮崎アニメには思春期を読み解くヒントがいっぱい。物語は、言葉にならない思いを代弁し、子どもから大人への橋渡しをしてくれる。作品に即して思春期を考える。

ちくまプリマー新書

209
路地の教室
――部落差別を考える
上原善広
「路地（同和地区、被差別部落）って何?」「差別なんて今もあるの?」「同和教育、同和利権とは?」すべての疑問に答えます。部落問題を考える、はじめの一冊！

052
話し上手　聞き上手
齋藤孝
人間関係を上手に構築するためには、コミュニケーションの技術が欠かせない。要約、朗読、プレゼンテーションなどの課題を通じて、会話に必要な能力を鍛えよう。

076
読み上手　書き上手
齋藤孝
入試や就職はもちろん、人生の様々な局面で読み書きの能力は重視される。本の読み方、問いの立て方、国語の入試問題などを例に、その能力を鍛えるコツを伝授する。

096
大学受験に強くなる教養講座
横山雅彦
英語・現代文・小論文は三位一体である。本書では、それら入試問題に共通する「現代」を六つの角度から考察することで、読解の知的バックグラウンド構築を目指す。

153
からだ上手　こころ上手
齋藤孝
「上手」シリーズ完結編！「こころ」を強くし、「からだ」を整える。さらにコミュニケーション能力が高くなる「〝対人体温〟をあげる」コツを著者が伝授します。

ちくまプリマー新書

186
コミュニケーションを学ぶ
高田明典

コミュニケーションは学んで至る「技術」である。状況や目的、相手を考慮した各種テクニックを解説し、スキルを身につけ精神を理解するための実践的入門書。

021
木のことば　森のことば
高田宏

息をのむような美しさと、怪異ともいうべき荒々しさをあわせ持つ森の世界。耳をすますと、生命の息吹が聞こえてくる。さあ、静かなドラマに満ちた自然の中へ。

127
遠野物語へようこそ
三浦佑之
赤坂憲雄

豊かで鮮やかな世界を秘めた『遠野物語』。河童、神隠し、座敷わらし、馬との恋、狼との死闘、山男、姥捨て……。物語の不思議を読み解き、おもしろさの秘密に迫る。

159
友達がいないということ
小谷野敦

「便所めし」という言葉があるが、友達がいないということは、「もてない」よりもつらいかもしれない。文学作品を始め、さまざまな視点から描く、ネット時代の友達論。

118
なやむ前のどんぶり君
——世界は最初から君に与えられている
明川哲也

涙とともに丼飯を食べた者だけが本当の丼飯の味を知っている——。苦を転じて幸を得る20の生きる秘訣と、心の飢えをも満たす、おいしいどんぶりレシピ！

ちくまプリマー新書222

友《とも》だちは永遠《えいえん》じゃない　社会学《しゃかいがく》でつながりを考《かんが》える

二〇一四年十一月十日　初版第一刷発行

著者　森真一（もり・しんいち）
装幀　クラフト・エヴィング商會
発行者　熊沢敏之
発行所　株式会社筑摩書房
東京都台東区蔵前二-五-三　〒一一一-八七五五
振替〇〇一六〇-八-四一二三
印刷・製本　中央精版印刷株式会社

ISBN978-4-480-68924-5 C0236 Printed in Japan

乱丁・落丁本の場合は、左記宛にご送付下さい。
送料小社負担でお取り替えいたします。
ご注文・お問い合わせも左記へお願いします。
〒三三一-八五〇七　さいたま市北区櫛引町二-六〇四
筑摩書房サービスセンター　電話〇四八-六五一-〇〇五三